AF509675

LE
PÈRE DE LA DÉBUTANTE,

VAUDEVILLE EN CINQ ACTES,

PAR

MM. BAYARD ET THÉAULON;

Représenté pour la première fois, à Paris, sur le théâtre des Variétés,
le 28 octobre 1837.

DISTRIBUTION DE LA PIÈCE :

PREMIER ACTE.

GASPARD	M. VERNET.	ANAIS	Mlle MARIA.
LE COMTE ERNEST	M. BRINDEAU.	ANITA	Mlle POUGAUD.

DEUXIÈME ACTE.

GASPARD	M. VERNET.	ANITA	Mlle POUGAUD.
M. CASTOR, auteur.	M. PROSPER GOTHI.	ACTEURS.	
LE DIRECTEUR	M. FRANCISQUE.	MUSICIENS.	
LE RÉGISSEUR	M. MAYER.	MACHINISTES.	
ANAIS	Mlle MARIA.	GEORGES, garçon de théâtre.	M. GEORGES.

TROISIÈME ACTE.

GASPARD	M. VERNET.	UN GARDE MUNICIPAL	M. EMMANUEL.
LE COMTE ERNEST	M. BRINDEAU.	ANAIS	Mlle MARIA.
M. CASTOR	M. PROSPER GOTHI.	HENRIETTE	Mlle ROSE.
BADULEAU	M. ÉDOUARD.	COMMISSIONNAIRES.	

QUATRIÈME ACTE.

GASPARD	M. VERNET.	ANAIS	Mlle MARIA.
ANITA	Mlle POUGAUD.	JUSTIN	M. ADOLPHE.
LE COMTE ERNEST	M. BRINDEAU.	UNE DAME DE L'OPÉRA	Mlle ALBERTI.
M. BRULOT, journaliste.	M. DUSSERT.	DAMES DE L'OPÉRA.	
M. CASTOR	M. PROSPER GOTHI.	DOMESTIQUES.	

CINQUIÈME ACTE.

GASPARD	M. VERNET.	GEORGES	M. GEORGES.
LE COMTE ERNEST	M. BRINDEAU.	ACTEURS.	
M. CASTOR	M. PROSPER GOTHI.	MACHINISTES.	
M. BRULOT	M. DUSSERT.	ANAIS	Mlle MARIA.
LE DIRECTEUR	M. FRANCISQUE.	ANITA	Mlle POUGAUD.
LE RÉGISSEUR	M. MAYER.		

ACTE PREMIER.

Le théâtre représente une chambre en mansarde. Deux portes latérales; un fauteuil de théâtre, deux chaises, une table à droite de l'acteur, une commode au fond.

SCÈNE I.

ERNEST [*]; GASPARD, dans la chambre à droite du spectateur; ANAIS, dans la chambre à gauche.

ERNEST, entrant par le fond.

Drôle d'appartement, où l'on arrive comme sur le Pont-Neuf... Il est vrai qu'il n'y a rien a prendre... rien qu'un joli petit minois chiffonné, qui m'a tourné la tête... Et dire que son père, vieux comédien de province, le type des artistes ambulants, veut qu'elle entre au théâtre comme lui !...

GASPARD, dans sa chambre, appelant.

Anaïs !

ERNEST.

Ah !... par ici !...

GASPARD, de même.

Anaïs !

ERNEST.

C'est Gaspard... le père en question...

GASPARD, criant.

Anaïs !...

ANAÏS, de sa chambre, répondant.

Papa !

ERNEST.

C'est elle.

GASPARD.

Tu es réveillée ?

ERNEST.

Il lui demande si elle est réveillée.

ANAÏS.

Oui, papa !...

ERNEST.

Il ne manquerait plus qu'elle lui répondît que non.

GASPARD.

Anaïs! te rappelles-tu où j'ai mis ma perruque ?

ANAÏS.

Papa, elle est sur la carafe !

ERNEST.

Ma foi !... pendant que le papa met sa perruque, j'ai bien envie d'entrer à droite : c'est ça... il faut brusquer les choses... et si elle veut, je l'emmène aux Eaux de Bade avec moi.

GASPARD.

Anaïs !

ANAÏS, entrant vivement.

Voilà, papa ! voilà !... (Elle se jette étourdiment

dans les bras d'Ernest.) Bonjour... comment vas-tu [*] ?...

ERNEST, l'embrassant.

Très bien !... et toi ?...

ANAÏS, reconnaissant son erreur, avec un cri.

Ah !...

ERNEST.

Charmante !...

ANAÏS.

Eh ! mais, monsieur... on ne s'introduit pas comme ça chez les demoiselles.

ERNEST.

Pourquoi les demoiselles, laissent-elles leur porte ouverte ?...

ANAÏS.

C'est la femme de ménage qui aura oublié de la fermer...

ERNEST.

Oh !... la femme de ménage...

ANAÏS.

Eh mais, attendez... je ne me trompe pas !... oui, c'est monsieur Ernest que j'ai connu chez mademoiselle Anita dont il est l'amant.

ERNEST.

Dites le vôtre, mon ange !...

ANAÏS.

Comment... le mien ?

ERNEST.

Écoutez-moi... j'ai rompu avec Anita... une bonne querelle...

ANAÏS.

Comment !... elle vous aimait tant !

ERNEST.

Parbleu !... elle m'aime bien encore... mais elle m'ennuyait... et puis elle n'était pas libre... moi, j'aime à voyager... et je veux que celle que j'aime puisse courir le monde avec moi... me suivre en Suisse... en Italie !... que sais-je ?... Dans trois jours je pars pour Bade... je vous enlève !...

ANAÏS.

Vous m'enlevez ?.... et mon consentement donc !

ERNEST.

Si vous consentiez... je ne vous enlèverais pas.

ANAÏS.

Et mes débuts, monsieur ?

ERNEST.

Vos débuts ? Ah ! voilà le grand mot... ces jolies filles sont inconcevables... dès qu'elles ont un petit minois chiffonné... une voix... ou

[*] Anaïs, Ernest.

[*] Les acteurs sont placés en tête de chaque scène comme ils doivent l'être au théâtre : le premier inscrit tient toujours la gauche du spectateur, et ainsi de suite. — Les changements de position dans le courant des scènes sont indiqués par des notes au bas des pages.

à-peu-près... et une ombre de talent... vite au théâtre. Elles ne connaissent que ça !

ANAÏS.

Dam !... c'est si gentil le théâtre !

AIR : A soixante ans, etc.

Tout un public est là qui vous écoute !...
Vous applaudit...

ERNEST.

Mais, s'il vous siffle?...

ANAÏS.

Oh ! non...

L'actrice peut dans cette noble route,
En travaillant, bientôt se faire un nom !...
Ah ! quel plaisir d'avoir un beau renom !...

ERNEST, parlant.

Sans doute !...

(Finissant l'air.)

L'actrice peut par un travail utile,
Quand le talent est son premier soutien,
Se faire un nom... un grand nom... c'est fort bien !..
Mais, un beau jour, elle aime un imbécile
Qui bêtement vient lui donner le sien !...

ANAÏS.

Ça se voit !... mais quand le théâtre est le bonheur... la vocation, la fortune des personnes...

ERNEST.

Laissez-moi donc tranquille !... la vocation, c'est une bêtise... quant à la fortune, si je fais la vôtre? aimez-moi.

ANAÏS.

J'aime le théâtre, monsieur.

ERNEST.

Et moi, je ne peux pas le souffrir... je n'ai jamais pu y garder une maîtresse plus de vingt-quatre heures. Témoin cette petite Anita, qui tout en m'adorant, me sacrifiait à un journaliste petit format. Je vous déclare que si vous débutez, je vous siffle.

ANAÏS.

Eh ! bien, vous êtes aimable !...

ERNEST.

Voyons! qu'est-ce qui peut vous retenir ici? laissez-vous attendrir et partez avec moi, demain !

GASPARD, appelant.

Anaïs !

ANAÏS.

C'est papa !... sortez, monsieur... sortez !... s'il vous voyait ici !...

ERNEST.

Eh ! qu'est-ce que ça me fait !

ANAÏS.

Seul avec moi... un comte ?

ERNEST.

Ah ! bah ! il a donc des principes ?

ANAÏS.

Certainement! et moi aussi !

ERNEST.

En vérité? (Il l'embrasse.) Il fallait donc me le dire !...

ANAÏS.

Voici mon père !... il va me gronder.

SCÈNE II.

LES MÊMES ; GASPARD, en robe de chambre.

GASPARD, entrant en déclamant.

« Oui, c'est Agamemnon, c'est ton roi qui t'éveille ;
« Viens, reconnais...»
(En disant ces vers, il est allé vers la chambre d'Anaïs ;
Ernest se cache derrière elle.)

Dis donc, Nini... Je vais voir mademoiselle Anita ce matin... elle nous a promis sa protection *...

ANAÏS.

Oui, papa, oui...

GASPARD, se retournant.

Ah ! tu es par-là.

ANAÏS, bas à Ernest.

Allez-vous-en donc !

ERNEST.

Eh ! non...

GASPARD.

Elle te fera débuter, elle ! (Apercevant Ernest.) Tiens un inconnu ** !

ERNEST.

Bonjour, monsieur.

GASPARD.

Monsieur... votre serviteur... (Bas à Anaïs.) Qu'est-ce que c'est que ça?

ANAÏS, avec embarras.

Monsieur... est un jeune homme qui... un jeune homme que...

ERNEST.

Un artiste, monsieur... un artiste, comme vous et mademoiselle...

GASPARD.

Vous jouez la comédie ..?

ERNEST.

Non !... au contraire... je suis Piston... Ernest Piston... je joue du cornet chez M. Musard.

GASPARD.

Cornet !... ah! oui... je connais...

(Il chante.)

Tou, ton, tontaine, ton, ton !...

ANAÏS, à part.

Ah ! mon dieu !... est-il menteur !..

GASPARD.

Comment donc, monsieur... monsieur Piston !... mais, entre artistes... il n'y a que la main... Il se porte bien, M. Musard ?

ERNEST.

Bien... merci...

GASPARD.

Je ne le connais pas... mais j'en ai beaucoup entendu parler... Vous venez déjeuner avec nous?

ANAÏS, bas.

Il n'y a rien, papa...

* Gaspard, Anaïs, Ernest.
** Anaïs, Gaspard, Ernest.

GASPARD, bas.

Raison de plus... il paiera quelque chose.

ERNEST.

Pardon !... ce qui m'amène... c'est le désir de vous connaître, vous et votre fille, à qui je venais offrir un engagement...

GASPARD.

Saprelotte !... monsieur Piston, je vous remercie...Viens, ma fille, viens, mon enfant !... tu fais ma gloire, toi.

ANAÏS.

Oh ! oui, papa !...

ERNEST.

Un bel engagement, du bonheur...

GASPARD.

Et où ça ?... dans la capitale ?

ERNEST.

Non...

GASPARD.

En province ?...

ERNEST, regardant Anaïs avec intention.

A l'étranger...

GASPARD.

A l'étranger ?

ERNEST.

Et, si mademoiselle veut partir demain...

GASPARD.

Jamais !...jamais !... ma fille... mon diamant !... c'est mon élève, monsieur... Je lui aurais mis un état dans les mains... du drame dans le cœur... et dans le talon... sans compter toutes les jolies choses que je lui ai données... et les mœurs que je lui ai inculquées... et tout cela, pour le roi de Prusse !... allons donc... allons donc !...

ANAÏS.

Aussi papa... j'ai refusé...

ERNEST.

Vous avez eu tort !

GASPARD.

Elle a bien fait !

AIR : Connaissez-vous le grand Eugène.

A l'étranger pourquoi chercher fortune ?
Avec l'esprit, le talent, la beauté,
En France, aussi, l'on peut bien s'en faire une...
Plus douce encor... dont l'artiste est flatté !...
Mais loin de nous, n'a-t-il rien regretté ?...
Quand du triomphe il savoure les charmes,
Ah ! je suis sûr que songeant à Paris,
Il dit tout bas... les yeux mouillés de larmes :
« Ça ne vaut pas les bravos du pays !... »

C'est à Paris qu'elle débutera !... il n'y a que Paris, pour la gloire... et les pièces de cent sous !... Et moi, qui vous parle... moi, qui ai joué pendant trente-sept ans de ma vie, (très vite.) à Marseille, à Toulon, à Carcassonne, à Yvetot, à Châlons, à Strasbourg, à Nantes, à Rouen, à Quimper, à Brives, et à Carpentras ! (d'où j'arrive) les amoureux et les tyrans..... et chanté les frontin... (Il chante.) Adieu, Marton hum !...... hum... adieu Lisette !... hum... hum !... adieu !...(Il parle.) qu'est-ce que j'y ai gagné, monsieur, monsieur Piston ?...pas un sou de rente !...

des dettes, dans tous ces chefs-lieux d'arrondissement... et un catharre... Au lieu qu'à Paris, l'heure qu'il est... je serais père noble à la Comédie Française, à la place de monsieur... (parle bas à Ernest.) ou basse-taille à l'Opéra-Comique, à la place de monsieur... (de même.) aussi bon !... aussi bon !... ce qui n'est pas trop dire ; et je toucherais ma part de la subvention tout comme les autres... ça me flatterait beaucoup, saprelotte ! sur-tout à l'heure du déjeuner.

ANAÏS.

Aussi je débuterai, papa !... je débuterai. Il faut que mon sort se décide... j'ai de l'ambition...

GASPARD.

Oui !... tu as le feu sacré... comme ton père !...

ERNEST, à part.

Vieux fou !

ANAÏS.

Et je réussirai... je ferai notre fortune !...

GASPARD.

Tu m'attendris, ma fille !... tu m'attendris !... donne-moi un mouchoir de poche... (Anaïs va à la commode.) Hein !... comme elle jouera les princesses !...

ERNEST.

Les princesses ?...

GASPARD.

Dam !... il me semble, que lorsqu'on a eu pendant vingt ans devant soi un père qui jouait les rois... on peut bien jouer les princesses... avec ça que sa mère jouait *Didon* comme un ange ! (A Anaïs.) Hein ! dis donc..... dis, dans Didon, qu'elle était belle ! et moi... j'étais superbe dans l'Enée.

ERNEST.

Mais, si on la siffle ?... car, on la sifflera !...

ANAÏS.

Ce serait affreux !...

GASPARD.

Eh bien !... qu'est-ce que ça prouve ?... moi, qui vous parle... on m'a sifflé pendant trente-sept ans de ma vie !...

ERNEST.

Et vous n'en êtes pas mort !

GASPARD.

Au contraire... je m'y suis habitué... et maintenant je n'y fais plus attention... il n'y a que les pommes cuites auxquelles je n'ai jamais pu me faire... (Prenant le mouchoir que sa fille lui donne.) Merci !... Mais toi, mon enfant, tu seras applaudie !... tu seras adorée !... nous aurons voiture... cent mille francs de traitement... (Il déplie son mouchoir qui est en lambeaux. — Ernest le regarde et rit.) Oui... oui !..... cent mille francs !.... nous les aurons !

ERNEST.

Ah !...

GASPARD.

Hein !... vous regardez mon mouchoir... j'en ai six comme ça...et quatre mauvais...Elle a déjà eu tant de succès !..

ERNEST.

Ah! bah!... où donc?..

ANAÏS.

A l'hôtel Castellane.

GASPARD.

A l'hôtel Castellane... où elle a eu l'honneur de travailler avec un duc qui joue les valets en maître, et un marquis, qui excelle dans les queues rouges.

ANAÏS.

Et quel public!...

GASPARD.

Ah! saprelotte!... ce n'est pas un petit criquet de public comme ailleurs... c'est noble, jusqu'au paradis... et une pièce nouvelle...

ANAÏS.

Et des glaces dans les entr'actes...

GASPARD.

C'était délicieux.

ERNEST.

La pièce?...

GASPARD.

Les glaces... j'en ai mangé dix... On était en extase devant ma fille... elle a tant de grâce, tant de charmes... et une mémoire!... Enfin, monsieur... monsieur Piston... croiriez-vous qu'elle a appris... rien que de l'entendre répéter... mais appris à la lettre, le rôle de mademoiselle Anita dans la pièce d'ouverture du nouveau théâtre qu'on ouvre ce soir, comme vous savez...

ERNEST.

Le rôle d'Anita?...

GASPARD.

Vous la connaissez?...

ANAÏS, souriant.

Oui, je crois que monsieur la connait un peu.

GASPARD.

Cette pauvre Anita!... Nous sommes seuls... je puis bien le dire... auprès de ma fille, c'est... tranchons le mot... c'est de la Saint-Jean!

ANAÏS.

Papa... j'ai plus de talent qu'elle... je ne dis pas... mais c'est mon amie.

GASPARD.

Oh! je ne veux pas lui faire de tort... Je l'aime, je la respecte... elle est dans une belle position... elle doit faciliter tes débuts, et me procurer un engagement.

ERNEST.

Comment un engagement! Vous voulez jouer la comédie? vous y pensez aussi?

GASPARD.

Si j'y pense!... mais un peu... On joue encore assez proprement; demandez à ceux qui étaient hier dans la salle Chantereine, ils vous diront de mes nouvelles.

ERNEST.

Salle Chantereine?

GASPARD.

Certainement... à telles enseignes qu'il m'y

est arrivé une aventure... Tiens, vois donc. Anaïs, ce pantalon... hein! comment le trouves-tu?

ANAÏS.

Eh! mais, je ne te le connaissais pas.

GASPARD.

Je le crois bien, il n'est pas à moi.

ERNEST.

Plaît-il?

GASPARD.

Il appartient à un homme superbe, un homme de cinq pieds six pouces, et il me va dans la perfection.

ANAÏS.

Il est un peu long.

GASPARD.

Tu trouves?..... j'en ai pourtant coupé trois bons pouces. Voici ce que c'est. Je jouais dans *les Deux Sergents* un rôle important... vous savez... ce vieux soldat... qui dit... enfin, n'importe! Je savais mon rôle, mais je n'avais pas de costume; toute ma garde-robe est restée à Carpentras, en gage... pour des bêtises... des... enfin, n'importe!... A force de chercher, je trouve un habit... bien!... un chapeau... bien! mais pas de... (il montre le pantalon.) j'en avais un de nankin, ce qui n'était pas d'uniforme... Cependant le rideau allait se lever... Mon rôle me talonnait; j'étais au supplice... J'allais faire manquer la pièce... quand tout-à-coup, j'aperçois un garde municipal... Une idée, un coup du ciel!.. Je m'approche de lui... comme ça... je lui offre une prise de tabac. « Camarade, en usez-vous? » Ça flatte, et puis ça lie conversation. « C'est du tout frais. » Et alors, arrivant à mon but par un détour adroit : « Camarade... » (toujours pour le flatter) « Camarade, vous pourriez me ren- « dre un grand service, un service d'ami, de « bon citoyen. » (Grossissant sa voix.) « Laquelle? » (qu'il me dit) « Ce serait de me prêter votre... » et je lui montrais son vêtement indispensable, dont je ne pouvais plus me passer. Cet homme se récrie; il ne veut pas se séparer de son pantalon... ce qui est assez naturel. Je lui dis mon embarras. Le brave sourit : quand le brave sourit, c'est qu'il va se rendre... avec ça que celui-là n'avait pas l'air très malin. J'insiste donc; il faiblit. « Pour un quart d'heure, camarade. » Et je fais si bien, qu'il se décide à me prêter l'objet de ma demande, et à attendre la fin de ma scène auprès du poële, enveloppé dans son manteau.

ERNEST, riant.

Ah! ah! ah! ah! il a consenti!

GASPARD.

J'entre en scène... bien!... Je produis mon effet... bien!... Je sors criblé de...

ERNEST.

De pommes cuites?

GASPARD.

Enfin, n'importe.

ANAÏS.

Mais comment se fait-il ?...

GASPARD.

Ah ! voilà... En rentrant dans la coulisse, je trouve un vieux camarade de province... tu sais... le Ferville de Montauban. « Tiens, c'est « toi ! — Tiens, te voilà ! — Quel bonheur ! « — Quel plaisir ! » V'lan ! nous nous embrassons, et il m'entraîne au café, où les amis m'attendaient autour d'un bol de punch.

ERNEST.

Et le garde municipal ?

GASPARD.

Oublié.

ANAÏS.

Ce pauvre homme ! il est peut-être embarrassé.

GASPARD.

Laisse donc !... est-ce qu'il n'a pas mon pantalon de nankin ?... D'ailleurs le budget ne le laissera pas dans l'embarras.

ANAÏS.

Papa, on monte l'escalier.

ERNEST.

C'est peut-être votre homme.

ANAÏS.

C'est la voix d'Anita.

ERNEST, à part.

Anita !... me voilà bien !

GASPARD.

Notre amie, notre protectrice. Je cours lui offrir la main ! Diable ! une princesse !

(Il sort.)

SCÈNE III.

ANAIS, ERNEST.

ERNEST.

Anita !... Si elle me voit ici, je suis perdu !

ANAÏS.

Puisque vous êtes brouillés...

ERNEST.

C'est bien pour cela... elle m'aime toujours ; elle est jalouse... Si elle me voyait chez vous, elle m'arracherait les yeux... et à vous aussi... Je me sauve.

ANAÏS.

Elle monte.

ERNEST, passant à gauche.

Eh vite, par où ?... Ah ! par ici *.

ANAÏS.

Non, c'est ma chambre.

ERNEST.

Tant mieux.

ANAÏS.

Il y a une porte qui donne sur le carré.

ERNEST.

Que m'importe ! je reste là jusqu'à ce soir.

* Ernest, Anais.

ANAÏS.

Par exemple ! (Ernest l'embrasse, et s'élance dans sa chambre.) Il était temps !

SCÈNE IV.

ANAIS, ANITA, GASPARD.

GASPARD.

Entrez, belle dame, entrez... (Chantant.) « C'est ici le séjour des Graces !...» (parlant.) quand vous y êtes.

ANITA.

Merci, Gaspard.

GASPARD.

Je vais vous présenter... (Cherchant.) Eh ! mais, où est-il donc, ce jeune homme ?

ANAÏS.

Il est parti, papa. (Allant à mademoiselle Anita.) Ah ! que c'est aimable à vous !

ANITA.

Bonjour, ma chère. J'avais promis, je n'avais garde d'y manquer ; je tiens toujours ce que je promets.

GASPARD.

Ce n'est pas ce que disent ces messieurs. Mais je leur ai bien dit : Mademoiselle Anita tient tout ce qu'elle promet... quand on n'est pas trop exigeant.

ANITA.

Oh ! c'est bien vrai, ils sont d'une exigence !... et puis on les aime... on s'y attache... et ils vous font des traits. C'est ici que vous demeurez ? Ce n'est pas beau... mais c'est gentil.

ANAÏS.

Dam ! ce n'est pas riche comme chez vous.

ANITA.

Ah ! ne t'en plains pas, ma petite ; la fortune... ça coûte quelquefois si cher.

GASPARD.

Hein !... nous avons des chagrins de cœur ?

ANITA

Oui... de cœur !... un monstre à qui j'ai tout sacrifié... à qui je sacrifierais tout encore...

GASPARD.

Vrai ?... vous lui sacrifieriez tout.... au monstre ?

ANITA.

Le seul homme que j'aie aimé... tu sais... le comte Ernest ?... Infidèle, ma chère !

GASPARD.

Dam !... aussi... si vous vous adressez à des comtes... ce qu'il y a de plus dangereux... Oh ! si un comte en contait à ma fille, je la croirais perdue !

ANAÏS, à part.

Pauvre père !... s'il savait... (A Anita.) Est-ce que vous aimeriez toujours M. le comte ?

ANITA.

Est-ce qu'on peut se détacher de ces gens-là? des manières si polies... une tournure... et trente mille livres de rente!

GASPARD.

Ah! voilà!... ne me parlez pas de ces gens qui sont si aimables, on ne peut pas se résoudre... Mais, c'est particulier...

AIR : Ma belle est la belle des belles.

J'avais lu... que d'un journaliste
Vous étiez éprise, je crois,
Mousieur Brulot!...

ANITA.

            Oui, sur ma liste,
Je l'ai placé depuis un mois...
Pour le comte c'est tout de même...
Deux amans, c'est original...
Mais l'un, c'est pour le cœur qu'on l'aime,
Et l'autre, c'est pour le journal.

ANAÏS.

Il vous fait des articles!...

ANITA.

Ah! c'est d'un ennui...

GASPARD.

Ses articles?...

ANITA.

Non... son amour... et pour me refaire, une répétition à onze heures, et ce soir, l'ouverture du théâtre ; aussi j'ai besoin de distractions, et je me suis dit : « Allons voir ces bonnes gens, « ça me changera. »

(Elle s'assied à droite.)

ANAÏS, à part.

Oh! ces bonnes gens!...

GASPARD, à part.

Oh! fait-elle sa poussière!... parcequ'elle a dix mille francs et des feux.

ANITA.

Eh! bien, voyons! que faites-vous ? que devenez-vous ? vous m'avez écrit.

GASPARD.

Oui, pour vous rappeler que nous attendons... vous nous avez promis de protéger ma petite Anaïs, ma fille adorée!

ANITA.

C'est bien, nous en ferons... une figurante... surnuméraire.

ANAÏS.

Une figurante!

GASPARD.

Surnuméraire!

ANITA.

Quant à vous, monsieur Gaspard, qui avez de l'éducation, je vous mettrai aux contremarques du parterre.

GASPARD.

Un artiste... aux contremarques!

ANITA.

C'est une retraite honorable : tous les pères nobles finissent par-là.

* Anaïs, Gaspard, Anita.

GASPARD.

Possible!... mais, je ne suis pas encore fini... Oh! oh!... mademoiselle la virtuose... il paraît que nous sommes loin de compte... D'abord, moi... je suis un artiste... je veux mourir artiste... sur les planches... ou bien à ne rien faire... j'aimerais mieux ça... et j'y parviendrai... quand l'enfant aura débuté.

ANITA.

Débuté?... où ça ?

ANAÏS.

Où ça? mais à Paris! dans ce même Paris! auprès de vous.

ANITA, se levant.

Hein? à Paris... auprès de moi!... ah! ah! cette prétention...

ANAÏS.

Comment, cette prétention? mais vous avez bien débuté... et réussi, vous, mademoiselle.

ANITA.

Moi, c'est bien différent... j'ai du talent.

GASPARD.

Oui, vous en avez... et de la modestie avec... mais, qui vous dit, saprelotte, que l'enfant n'en a pas aussi... qui vous dit...

ANAÏS.

Mon père!...

ANITA.

Tenez, monsieur Gaspard, l'enfant est plus raisonnable que vous... elle me comprend... la gloire, c'est comme les hommes... c'est bien fallacieux!... établis-toi... maries-toi!... c'est peuple... mais ça vaut mieux.

GASPARD.

L'un n'empêche pas l'autre; tous les jours une jeune fille prend un mari, et elle débute : il y en a même qui débutent avant de se marier.

ANITA.

Eh! monsieur, si vous voulez absolument en faire une actrice, emmenez-la en province...au Havre, à Châlons, à Carpentras...

GASPARD.

J'en arrive.

ANITA.

Quelque part comme ça... donnez-lui de la grace, de la tournure... qu'elle grandisse un peu... et nous verrons...

ANAÏS, à part.

J'étouffe!

GASPARD, se contenant à peine.

Mais, mademoiselle, il me semble qu'à votre nouveau théâtre...

ANITA.

A mon théâtre!... et à ma place peut-être!...

GASPARD.

Tiens, pourquoi pas?

ANITA.

Laissez donc, cela fait pitié!

GASPARD.

Mademoiselle!...

ANITA.

Ou votre fille n'aura pas de succès... et alors, il faudra qu'elle s'en aille... ou elle en aurait... et ce serait désobligeant pour moi... Oh! d'abord, quand un talent me vient à la cheville... il faut que je l'écrase!

GASPARD.

Mais, c'est indigne !...

ANAÏS.

Oui, oui, c'est indigne !...

ANITA.

Adieu, bonnes gens! adieu!... A ma place!...

AIR : Mire dans mes yeux.

Renoncez, et pour jamais,
A cette folie !...
Vous n'aurez aucun succès,
Je vous le promets.

GASPARD.

Pourtant,
Une voix me crie :
L'enfant
Aura du talent.

ANITA.

C'est impossible... avec sa petite taille et ses grandes prétentions...

GASPARD.

Encore !

ANAÏS, pleurant.

Comme elle me traite !

ENSEMBLE.

ANITA.

Renoncez, et pour jamais, etc.

ANAÏS et GASPARD.

Qui, { moi, je / toi, tu } renoncerais,
A la comédie !
Ta / Ma } fille, je le promets,
Aura du succès.

ANITA, riant aux éclats.

Ah! ah! ah! ah!

(Elle sort.)

ooooooooooooooooooooooooooooooooooooooooooooooooooo

SCÈNE V.

ANAIS, GASPARD.

GASPARD.

L'impertinente!... Se donne-t-elle des airs de princesse!...

ANAÏS.

C'est ça qu'elle a tant de talent!...

GASPARD.

C'est-à-dire que si vous étiez au même théâtre, je voudrais te voir lui souffler tous ses rôles !...

ANAÏS.

Moi, qui pouvais lui souffler son amant !

GASPARD.

Hein ?...

ANAÏS.

Oui, oui... son amant... le comte Ernest... Il m'aime... il me l'a dit... il voulait m'enlever

GASPARD, la prenant dans ses bras.

Toi!... mon enfant... toi, ma fille!... t'enlever à ton père... à ton vieux père!... qui n'a plus que toi... Qu'il vienne donc, ce comte... qu'il vienne donc !...

ANAÏS.

Oh!... ne crais rien... je ne l'aime pas... et c'est malgré moi qu'il était ici tout-à-l'heure.

GASPARD.

Comment, tout-à-l'heure... ce jeune homme... ce monsieur Piston...

ANAÏS.

C'était lui!... je l'ai renvoyé.

GASPARD.

Mais par où?... j'étais sur l'escalier...

ANAÏS, montrant sa chambre.

Par là.

GASPARD.

Dans ta chambre ?... Si c'est comme ça que tu renvoies les amoureux...

(Il entre vivement à gauche.)

ANAÏS.

Mon père!... Ah! mon Dieu!... s'il allait le trouver!

GASPARD, revenant, un cahier à la main *.

Il n'y est plus... la porte du carré était ouverte. Il a bien fait de s'en aller... saprelotte !... mais il a écrit quelque chose sur ce cahier de papier qui était sur la table...

ANAÏS

C'est comme une lettre.

GASPARD.

Qui n'avait pas besoin d'adresse... puisqu'il était dans le local...

ANAÏS.

Voyons un peu ce qu'il écrit...

GASPARD, lisant.

» Décidément, je perds la tête pour toi... Re« nonce au théâtre, et à toi mon cœur... (Bah! « bah !) et ma fortune... (Ah !... hum !) Viens « ce soir à Auteuil, je t'attends... sinon je te « sifflerai sur tous les théâtres de la terre!

» Comte ERNEST. »

ANAÏS.

Mais c'est d'une audace!...

GASPARD.

D'une impertinence... Parceque c'est riche... même bel homme... ça se permet tout!...

ANAÏS.

Je ne l'ai pas autorisé, mon père!...

GASPARD.

Tiens, est-ce que je ne te connais pas, chère enfant !.. je te connais comme si je t'avais... Écoute!... écoute un peu pourtant!... je ne veux pas t'influencer... te sens-tu une vocation bien décidée pour le théâtre?

ANAÏS.

Oui, mon père!... bien décidée.

* Gaspard, Anaïs.

GASPARD.

Oh! alors... (Il va déchirer le papier, et s'arrête.)
Qu'allais-je faire ?... attends !... une idée !...
non !... si fait !... pourquoi pas ?... il n'y a pas
d'adresse.

ANAÏS.

Quoi donc ?

(Musique jusqu'à la fin.)

GASPARD.

Je ne sais pas... mais peut-être !.. oui, oui...
elle nous a insultés, humiliés !... elle nous a
défiés. !...

ANAÏS.

Mon père !...

GASPARD, s'approchant de la table et prenant une
enveloppe.

Du papier... une enveloppe... et sur l'a-
dresse...

(Il écrit.)

ANAÏS.

Pour qui donc ?

GASPARD.

Silence, enfant, silence! le lion se réveille,
pour défendre son lionceau, ou plutôt sa petite lionne !... Ma fille! mon Anaïs... une figurante!... et moi aux contre-marques!... Donne-
moi mon habit... le plus beau...

ANAÏS.

Tu n'en as qu'un...

GASPARD.

Eh bien! celui-là. Et toi ?... tu es bien... tu
est belle... embrasse-moi... Nous allons sortir.

(Il met son habit.)

ANAÏS, mettant son chapeau.

Mais, qu'espères-tu ?

GASPARD.

Te faire débuter.

ANAÏS.

Quand ça ?

GASPARD.

Ce soir.

ANAÏS.

A quel théâtre ?

GASPARD.

Au nouveau.

ANAÏS.

Dans quel rôle ?

GASPARD.

Dans celui d'*Anita*.

ANAÏS.

Mais enfin ..

GASPARD.

Du courage et de l'aplomb !

AIR : Galop de Musard.

Viens, suis-moi, tout me dit
Qu'aujourd'hui ton succès s'apprête...
Toujours on réussit
Avec du cœur et de la tête.

ENSEMBLE.

ANAÏS.

Puisque papa le dit,
Aujourd'hui mon succès s'apprête..
Toujours on réussit,
Avec du cœur et de la tête.

GASPARD.

Viens, suis-moi, etc.

(Ils sortent.)

ACTE SECOND.

Un théâtre en désordre.

SCÈNE I.

LES ACTEURS et FIGURANTS, assis au fond,
LE RÉGISSEUR, sa montre à la main.

LE RÉGISSEUR.

Midi un quart, notre répétition n'est pas
encore commencée, et nous jouons ce soir...
(Déployant une affiche.) *Les Espagnols au Pérou*,
grande tragédie lyrique, en un petit acte...
quel beau titre !... et que d'argent il y a là de-
dans !... Ah ! voici le directeur.

SCÈNE II.

LES MÊMES, LE DIRECTEUR.

LE DIRECTEUR, à la cantonade.

C'est bon... revenez demain... je n'ai pas le
temps aujourd'hui... j'ai une répétition générale... pardon, mon cher. (Les acteurs s'en retour-
nent.) Bien! bien! je n'ai plus de billets à donner. Régisseur, l'auteur, M. Castor, est-il là ?

LE RÉGISSEUR.

Il vient d'aller chercher mademoiselle Anita,
qui n'arrive pas pour la répétition.

LE DIRECTEUR, prenant force tabac.

Bien... en attendant, mettez le théâtre en
ordre... placez le décor.

LE RÉGISSEUR, remontant la scène.

Allons, Pierre, à votre décoration!... Et
vous, mesdames, montez au foyer; débarrassez
le théâtre.

CHOEUR DE MACHINISTES.

AIR : Tôt, tôt, tôt, battez chaud.

Allons,
Dépêchons,
Et plaçons
Ces maisons,
En peinture,
C'est le jour de notre ouverture.

(Les machinistes placent le décor, et tout le monde sort
excepté le directeur et le régisseur.)

SCÈNE III.

LE DIRECTEUR, LE RÉGISSEUR.

LE DIRECTEUR.

Ah! oui... c'est un grand jour pour tout le monde, l'ouverture d'un théâtre... une pièce nouvelle!... Eh! vite; le décor est placé... tous les musiciens sont à l'orchestre?

LE RÉGISSEUR.

Comme vous voyez, M. le directeur, tous excepté les timbales.

UN MUSICIEN, à l'orchestre.

Les timbales sont à jouer aux dominos, au café.

LE DIRECTEUR.

Bon! voilà que ça commence... (A l'orchestre.) Messieurs, n'accompagnez pas trop fort. C'est à vous que je parle, les contrebasses; on n'entend jamais les paroles.

UN MUSICIEN.

C'est bien dommage.

LE DIRECTEUR.

Sans doute... ce n'est pas la peine... comme l'auteur n'est pas là, on peut encore le dire; mais, c'est égal, pas trop fort. Ah! messieurs, je vous recommande de vous faire friser ce soir, ça fait bien, ça donne un petit air à la Julien.

(On rit aux éclats dans la coulisse à gauche.)

LE DIRECTEUR.

Hein?... qu'est-ce qu'il y a? qui est-ce qui se permet de rire?

LE RÉGISSEUR.

Ah! monsieur, c'est que l'on contait là une aventure arrivée hier à la salle Chantereine, à un garde municipal.

LE DIRECTEUR, l'interrompant.

Oui, oui, je sais... un vieil artiste de province qui lui a enlevé... (Il indique son pantalon.)

TOUS, riant.

Ah! ah! ah!...

LE DIRECTEUR.

Allons, allons, à notre affaire!... le décor est posé... bien!... et le souffleur! où est le souffleur?...

LE RÉGISSEUR.

Le voici qui entre dans son trou!...

LE DIRECTEUR.

Allons donc, monsieur... que diable!... le souffleur doit toujours être le premier à son poste... c'est l'acteur principal... aujourd'hui, sur-tout, qu'on n'a pas le temps d'apprendre toutes les pièces qu'on joue... c'est incalculable!... Ah ça! souvenez-vous de bien souffler le père noble, il ne sait pas un mot de son rôle. (Au régisseur.) Le jeune premier n'est pas arrivé?

LE RÉGISSEUR.

Non, Monsieur.

LE DIRECTEUR.

A l'amende!

LE RÉGISSEUR.

La duègne n'est pas arrivée non plus.

LE DIRECTEUR.

A l'amende!

LE RÉGISSEUR.

Et mademoiselle Anita aussi?

LE DIRECTEUR.

A l'amende!... (Se reprenant.) Du tout, du tout!... ah! bien oui, un premier sujet... avec ça qu'elle serait capable de me brouiller avec M. Brulot, le journaliste, un de ses amants, dont j'ai besoin... (Bruit dans le fond.) Ah! quelqu'un... c'est Anita!

LE RÉGISSEUR.

Non... un monsieur qui demande le directeur.

LE DIRECTEUR.

Un importun!...

SCÈNE IV.

LES MÊMES, GASPARD, ANAIS [*].

GASPARD.

Je desire parler au directeur, avec mon enfant!

LE DIRECTEUR.

(Il tire de sa poche un grand journal.)

Le directeur... le directeur... il n'y est pas.

GASPARD.

Permettez... on m'a dit qu'il était ici, à la répétition!...

LE DIRECTEUR.

On vous a trompé... il n'y est pas...

LE RÉGISSEUR, à part.

Quel aplomb!

ANAÏS, bas à Gaspard.

Mais, c'est lui-même!... c'est lui!...

GASPARD, à part.

Ah, bah!... (Haut.) Monsieur le directeur...

LE DIRECTEUR.

Mais, quand je vous dis...

GASPARD.

Il y a des hommes trop célèbres pour pouvoir se cacher... et le directeur le plus habile de Paris...

LE DIRECTEUR.

Permettez...

GASPARD.

Approche, mon enfant... et fais la révérence à un des plus beaux talents administratifs de l'époque!...

ANAÏS.

Certainement, papa!... je connais monsieur de réputation.

LE DIRECTEUR.

Permettez, je suis pressé.

GASPARD, à part.

Attends, attends... (Haut.) Oui, tu le connais

[*] Anaïs, Gaspard, le directeur, le régisseur.

par tout ce que nous en a dit ton cousin le journaliste.

LE DIRECTEUR, vivement, à part.

Diable!...

ANAÏS, bas.

Quel cousin?

GASPARD, bas.

Chut!...

LE DIRECTEUR.

Voyons, monsieur, qu'est-ce qu'il y a pour
votre service?

GASPARD, à part.

J'en étais sûr! (Haut.) J'ai appris que vous
aviez répétition générale; et comme je suis artiste, qu'elle est artiste, que nous sommes tous
artistes... j'ai pensé que nous pouvions...

LE DIRECTEUR, impatienté.

Bien!... bien!... voyez dans la salle, vous
trouverez de la place.

GASPARD.

Hum... Ce n'est pas dans la salle qu'est la
place de l'enfant; c'est ici, sur la scène.

LE DIRECTEUR.

Sur la scène?...

GASPARD.

C'est du moins l'opinion de son cousin le
journaliste; il lui trouve les plus belles dispo-
sitions, et il s'y connait... vous êtes connais-
seur aussi, vous, mon directeur... regardez-moi
ça... (A sa fille.) Saluez, Anaïs...

ANAÏS.

Oui, papa.

(Elle fait la révérence.)

GASPARD.

C'est mon enfant, monsieur... (gaîment.) du
moins, j'aime à m'en flatter... une jeune fille,
que j'ai procréée pour le théâtre... tout exprés
pour le théâtre!... gentille, comme vous voyez...
et du talent, comme vous verrez... quand elle
sera votre pensionnaire.

LE DIRECTEUR.

Plaît-il?

GASPARD.

N'est-ce pas que tu veux être la pensionnaire de monsieur, mon ange?

ANAÏS.

Oh! oui, papa; monsieur paraît si bon!

GASPARD, au directeur.

C'est aussi l'opinion de son cousin le journaliste... (à Anaïs.) ton petit cousin... tu sais?

LE DIRECTEUR.

Diable! vous avez des parents bien haut placés... Est-ce un grand journal?

GASPARD.

Énorme! celui que vous tenez n'est rien auprès...et il pourrait bien épouser l'enfant.

Air de Turenne.

Oui, pour elle il est adorable,
Elle en fait tout ce qu'elle veut...

LE DIRECTEUR, galamment, et passant près d'elle.
Je le crois... quand on est aimable...

ANAÏS.

Eh! mais... on fait ce que l'on peut...
Monsieur, on fait ce que l'on peut.

LE DIRECTEUR.

Moi, j'aime toujours une artiste,
Lorsqu'elle a comme vous du goût...
Du talent...

GASPARD, à part.
Et qu'elle est sur-tout
La cousine d'un journaliste!

LE DIRECTEUR.

Malheureusement, ma troupe est au grand
complet.

GASPARD, bas.

Oui, mais l'enfant ne sera pas exigeante,
monsieur, et s'il vous manquait quelqu'un...

LE DIRECTEUR.

Il ne me manque personne.

GASPARD.

Ah, diable!

ANAÏS, bas.

Il paraît qu'Anita jouera.

GASPARD, à part.

Est-ce que ma lettre aurait manqué son effet! (Haut.) Elle joue tout, monsieur, elle joue
tout.

LE DIRECTEUR.

Tout?...

GASPARD.

Tout.

ANAÏS.

Oui, monsieur, tout : depuis la servante du
vaudeville, jusqu'à la grande coquette de la
comédie. Vous faudra-t-il une utilité? me
voilà encore, monsieur : j'ai du zèle, de la
bonne volonté, c'est déjà quelque chose, cela
remplace le talent; et le public, j'espère, m'en
tiendra compte, en attendant mieux.

GASPARD, reprenant le milieu de la scène.

Vous voyez, ça chante, ça danse, ça marche,
et tout cela pour quatre mille francs.

LE DIRECTEUR.

Eh! mon cher, je n'ai besoin de personne...
j'en suis désolé... mais j'ai trop de femmes...
j'en ai qui ne me coûtent rien.

GASPARD.

Vous en avez peut-être qui vous paient?

LE DIRECTEUR.

Mais...

GASPARD.

Oh! passion des arts!... quand je dis quatre
mille francs... on s'arrangerait à moins, parceque c'est vous... elle tient à vous, elle me le
disait encore ce matin; n'est-ce pas, Nini, tu
tiens à entrer au théâtre de monsieur?

ANAÏS.

Certainement... un si bon théâtre... un directeur si honnête!

GASPARD.

C'est l'opinion de son cousin.

LE DIRECTEUR.

Fort bien; mais je vous répète...

GASPARD.

Vous, monsieur, l'ami des artistes! des auteurs! qu'est-ce que je dis donc, leur ami?... leur père! oui, monsieur, oui; je voudrais qu'ils fussent tous présents, pour leur dire que c'est à vos excellents conseils, à votre admirable mise en scène, à vos délicieux décors qu'ils doivent tous leurs succès... tous... Homme étonnant!... (Avec force.) Homme étonnant!... (Changeant de ton.) Voyons, elle entrera pour deux mille francs, hein?

ANAÏS.

Puisque papa le veut, monsieur, je suis trop heureuse d'obéir... J'aime mon état, j'ai du zèle...

GASPARD.

Et de l'innocence... ça ne gâte rien, à cause des princes allemands. Ça fait du bruit...

LE DIRECTEUR.

Je vous le répète, je suis désolé; mais il m'est impossible...

GASPARD.

Allons, je vois ce que c'est, vous voulez le compte rond, douze cents francs; c'est peu, sur-tout lorsque, comme l'enfant, on n'a que ça!... que ça... (confidentiellement.) mais, pour commencer...

LE DIRECTEUR, impatienté.

Finissons, monsieur, cela ne se peut pas. (A part.) Maudit bavard!

LE RÉGISSEUR.

Ah! la voici!

LE DIRECTEUR.

Qui donc?

LE RÉGISSEUR.

Mademoiselle Anita, avec l'auteur.

GASPARD, à part.

Malédiction! le coup est manqué. Il faut qu'elle n'ait pas reçu la lettre de M. le comte.

LE DIRECTEUR.

Allons, allons, allez vous placer.

GASPARD.

Viens, chère enfant, ton père te reste... (il va pour sortir.) et ton cousin le...

GEORGES.

Les timbales ne sont pas arrivées.

LE DIRECTEUR.

A l'amende les timbales!

GASPARD, revenant.

Est-ce que vous n'avez pas de timbales? me voilà, moi.

LE DIRECTEUR.

Vous savez blouser?

GASPARD.

Je blouse comme un ange... c'est l'opinion de son cousin...

LE DIRECTEUR.

Eh! bien... mettez-vous à l'orchestre.

GASPARD, descendant à l'orchestre.

Et ma fille, à côté de moi... car, je ne me sépare pas de ma fille, la morale avant tout...!

même avant le théâtre... Viens, Anaïs! viens, mon trésor...

ANAÏS, soupirant.

Anita va jouer, mon père!...

GASPARD, à l'orchestre.

Dites donc, directeur? (Le directeur se penche pour l'écouter.) Comme c'est vous, elle entrera pour six cents francs.

LE DIRECTEUR, s'éloignant.

Eh! monsieur...

(Tout le monde entre de différents côtés.)

CHŒUR.

Air de la Prova.

Allons, commençons bien vite...
Répétons notre opéra...
Quelle belle réussite
Nous allons tous avoir là!

(Tout le monde se place. — Gaspard est aux timbales à l'orchestre, Anaïs est assise près de lui sur un tabouret.)

SCÈNE V.

LES MÊMES, ANITA, M. CASTOR.

LE DIRECTEUR.

Eh! arrivez donc, Anita... vous êtes en retard d'une demi-heure!

ANITA.

N'allez-vous pas me mettre à l'amende?

M. CASTOR, bas.

Prenez garde, mon cher... elle est d'une humeur détestable... un amour malheureux!

ANITA.

Je vous demande pourquoi vous avez fait répéter généralement ce matin, quand la pièce est pour ce soir... une pièce qui nous sort par les yeux... voilà trois mois que nous la répétons! mais l'auteur n'est jamais content.

GASPARD, entre ses dents.

Chipie, va!

M. CASTOR.

Bon! j'ai mon paquet... heureusement je suis propriétaire.

LE DIRECTEUR.

Allons, allons!... commençons, de grâce! commençons!

ANITA.

Je vous préviens que je vais passer tous mes airs.

LE DIRECTEUR.

Eh! mon dieu, mademoiselle... il est impossible que nous marchions comme cela.

ANITA.

Tiens!... si vous croyez que je vais user mes moyens pour ce soir!

M. CASTOR.

Allons, la paix... commençons...Où est donc le jeune premier?

* Castor, Anita, le directeur, figurants au fond.

LE RÉGISSEUR et LES GARÇONS DE THÉATRE, appelant successivement.

M. Toussant! M. Toussant! M. Toussant!

LE RÉGISSEUR.

Ah! le voici!

LE DIRECTEUR.

Allons donc! monsieur, allons donc!

LE RÉGISSEUR.

Baissez le rideau, et commençons!

(On baisse le rideau, le directeur et l'auteur restent sur
l'avant-scène *.)

M. CASTOR.

La jolie salle... je voudrais en être propriétaire.

LE DIRECTEUR.

Moi, je ne demanderais par semaine que six
chambrées comme celle-ci.

M. CASTOR.

Ce sont tous mes amis que j'ai amenés à la
répétition.

LE DIRECTEUR.

Diable! vous en avez beaucoup!

M. CASTOR.

C'est tout naturel... je suis propriétaire.

(On frappe les trois coups.)

M. CASTOR, regardant sur le théâtre par le trou du
rideau.

Ah! M. Toussant, ayez la bonté de ne tousser
qu'après votre tirade.

LE DIRECTEUR, de même.

Ou bien, toussez avant.

M. CASTOR, de même.

Et vous les chœurs, ne vous montrez pas.

LE DIRECTEUR, de même.

Et chantez en mesure.

GASPARD, à l'orchestre.

Si c'est possible.

(L'ouverture commence.)

ANAÏS.

Elle jouera, mon père.

GASPARD.

Je n'y comprends rien!

(Le rideau se lève, Anita entre en scène *.)

M. CASTOR.

Anita, marchez plus vivement... vous marchez mal!

GASPARD, à sa fille.

Pardine! elle est bancale!

ANITA, répétant.

Musique de M. Masset.

(Récitatif.)

« Non, non, je ne crains point cette fatale atteinte,
« Au culte du soleil l'honneur me consacra!
« Car je suis une vierge...

GASPARD, parlant.

Farceuse!

ANITA.

Et, cette sainte enceinte,

* Castor, le directeur.
** Castor assis contre le manteau d'arlequin, Anita au
milieu de la scène, le directeur de l'autre côté en face de
Castor.

GASPARD.

Possible.

ANITA.

« Contre l'amour me défendra! »

GASPARD.

Oui, compte là-dessus.

ANITA, répétant.

AIR.

« Amour, séduisante espérance,
« Tu voudrais me ravir mon cœur...
« Mais, contre toi mon innocence
« Saura lutter...

UN GARÇON DE THÉATRE, s'approchant d'Anita.

Une lettre.

ANITA, la prenant.

Pour moi!

LE DIRECTEUR, se levant.

Comment? Georges, vous venez remettre à
mademoiselle une lettre pendant la répétition!

GEORGES.

Il y avait dessus très pressé.

GASPARD, à part.

C'est vrai, il y a cela... c'est ma lettre.

ANITA, qui a ouvert la lettre.

Dieu! elle est d'Ernest! (Au directeur.) Est-ce
qu'on ne peut pas lire une lettre à présent?

LE DIRECTEUR.

Non, mademoiselle, on lit ses lettres chez soi.

M. CASTOR, reprenant sa place.

Voyons, voyons... il n'y pas grand mal,
commençons le dialogue.

ANITA, à part.

Il revient à moi! il m'aime toujours!...

ANAÏS, à son père.

Elle va répéter, mon père!

GASPARD, à sa fille.

Tu vas voir!

ANITA, répétant.

« Je viens de tresser la couronne de roses
« blanches, symbole de l'innocence, qui pré-
« side à cette heureuse solennité!... cette cou-
« ronne que je dois poser moi-même sur la tête
« du soleil!...» (Lisant.) A Auteuil, ce soir, il
m'attend!

ANAÏS, à Gaspard.

Mais mon père!

GASPARD.

Tu vas voir!... tu vas voir!

ANITA, répétant.

« Et cet honneur... j'en suis digne encore!...
« j'en serai toujours digne, car j'ai juré de
« rester pure!...» (Bas.) Mais je joue, comment
faire!... (Répétant.) « Et je cours au temple
« pour renouveler le vœu sacré!... »

(Elle remonte la scène.)

GASPARD, entre ses dents.

Sacré!...

ANAÏS, bas.

Mais elle répète!...

GASPARD, de même.

Chut! tu vas voir!

ANITA, répétant.

« Ah!.... mais, quel est ce jeune homme.....
« cet étranger qui est assis près de la maison-
« nette de mon père? »

M. CASTOR.

Cabane!...

ANITA.

Maisonnette..... ou cabane..... c'est la même
chose.

M. CASTOR.

Non pas.... cabane, c'est du style.... maisonnette, c'est trivial...

LE DIRECTEUR.

D'ailleurs, nous sommes ici au Pérou...

ANITA, regardant le décor.

Ça!... laissez-donc... ça n'est pas plus le Pérou que votre pièce!...

GASPARD.

Bon!...

ANITA.

Avec vos observations..... avec vos taquine-
ries... vous allez me rendre malade.

M. CASTOR.

Eh non!... diable!...

(A partir de ce moment toutes les personnes du théâtre
sortent peu à peu des coulisses et viennent prendre part
à la scène.)

GASPARD.

Bon!... bon!... voilà l'explosion!

LE DIRECTEUR.

Il ne me manquerait plus que cela!...

ANITA.

Eh!... tenez!... en vous parlant, je me sens
comme un nuage sur les yeux... c'est ma crise
qui me prend...

M. CASTOR.

O mon Dieu!

ANAÏS, bas.

Elle est malade!... quel plaisir!

GASPARD, bas.

Malade, comme toi... mais c'est égal...

M. CASTOR.

Ma chère Anita!...

ANITA.

(A Castor.) Et vous avec votre cabane! c'est
vrai!.... pour cette lettre, vous m'avez irritée,
agacée...

LE DIRECTEUR.

Allons donc... pas de caprice!...

ANITA.

Un caprice!...

GASPARD.

Ça chauffe!... ça chauffe!

ANITA.

Tenez, voyez! je n'ai plus de force!... je vois
trouble..... le cœur.... ah! je vais me trouver
mal!...

LE DIRECTEUR.

De grace, Anita!

LE RÉGISSEUR.

Une chaise!

(On apporte une chaise, et on fait asseoir Anita.)

CASTOR.

Eh vite, des secours, de l'eau de Cologne...
du vinaigre anglais!

LE RÉGISSEUR.

De l'eau de mélisse!

GASPARD.

C'est quelque indigestion!

M. CASTOR, au public.

Il n'y a pas ici à la répétition... un médecin?...

LE DIRECTEUR.

Ah! un flacon! là dans son manchon.

(On apporte le manchon, Anita y cache la lettre d'Ernest.)

GASPARD, qui a vu le mouvement.

Elle a caché la lettre dans son manchon.

ANITA, se levant brusquement.

Je ne jouerai pas ce soir.

TOUS.

Ah!...

CHŒUR.

● AIR des Chevau-légers.

Allons! elle fait la malade!...
Depuis long-temps chez-nous on la connait...
C'est un affront pour chaque camarade;
  Pour nous tous c'est un vilain trait!

ANITA.

Dans ma voiture emportez-moi!

LE DIRECTEUR.

Dites pourquoi?...

ANITA.

Non, laissez-moi!...
Je ne puis plus me soutenir,
Je souffre!... je me sens mourir!...
Adieu!...

M. CASTOR.

Mais, c'est affreux, madame!...

LE DIRECTEUR.

Mais le public se fâchera!...

ANITA.

Le public!... il est fait pour ça!...

M. CASTOR.

Mais, à mon tour, moi, je réclame!...
Au diable le théâtre et vous!...
Sans retour, j'emporte mon drame!

TOUS.

Écoutez-nous!...

L'indigne!... elle fait la malade!...
Depuis long-temps chez-nous on la connait!...
C'est un affront pour chaque camarade,
  Elle paiera ce vilain trait!

(Anita s'est échappée, et pendant la reprise du chœur on
entoure M. Castor qui finit par sortir en emportant son
manuscrit. Les acteurs et les figurants restent en scène
et forment différents groupes.)

SCÈNE VI.

LE DIRECTEUR, LE RÉGISSEUR, GAS-
PARD, ANAIS, ACTEURS, MACHINISTES.

LE DIRECTEUR.

Les voilà partis!... et je ne puis pas ouvrir ce

...soir! après tant de peines, tant de dépenses!....
Je suis ruiné, perdu!...

GASPARD.

Vous êtes sauvé, directeur!...

LE DIRECTEUR.

Hein!... qui est-ce qui parle?

GASPARD, blousant très fort.

Par ici... à droite...

LE DIRECTEUR.

Comment?

GASPARD.

Je vous l'ai dit... l'enfant sait le rôle!... Anita vous abandonne..... ma fille vous reste!..... Ma fille!... c'est un ange.... qui va pour vous descendre d'en haut!.... Monte sur le théâtre, mon enfant!...

LE DIRECTEUR.

Allons donc... vous êtes fou!...

GASPARD, qui est monté sur le théâtre ainsi qu'Anaïs*.

Pas le moins du monde..... l'enfant sait le rôle... Elle le répète à l'instant même... elle le joue ce soir!... elle peut jouer sans répétition, si vous voulez... je réponds d'elle... et vous allez tous aux nues... la pièce!... l'actrice, et le théâtre... n'est-ce pas, Nini?...

ANAÏS.

Je suis prête.

LE DIRECTEUR.

Eh bien, oui!... j'y consens... je me décide.... Il doit y avoir du talent dans cette hardiesse. Je la ferai mousser. (A tous ceux qui sont en scène.) C'est mademoiselle qui jouera; mais il faut le consentement de l'auteur... il faut le manuscrit.

GASPARD.

N'est-ce que cela? Nous courons chez lui!... je le décide... je le ramène.

*Le régisseur, le directeur, Gaspard. Anaïs, les personnages muets sur le deuxième plan.

LE DIRECTEUR.

Mais, M. Castor est un homme difficile, je vous en avertis.

GASPARD, avec élan.

L'enfant l'attendrira...

ANAÏS.

Je l'attendrirai!...

LE DIRECTEUR.

Courez vite.

GASPARD.

Courons, Anaïs!.... Vous, directeur, faites mettre une bande sur l'affiche! annoncez les débuts de mademoiselle Anaïs, jeune fille qui n'a jamais paru sur aucun théâtre... (Frappant sur l'affiche, qu'il déchire.) Mettez son âge.... quinze ans et demi... elle a quelque chose de plus... mais qu'est-ce que cela fait?

ANAÏS.

Dieu!... Paraître devant le public... ça me fait un effet...

GASPARD.

Laisse-donc tranquille... monsieur le directeur le fera le public... n'est-ce pas, directeur?... Garnissez bien la salle.... dans le haut sur-tout ; pour que ça ne sonne pas creux..... (Au public.) Et vous, messieurs et mesdames... c'est ma fille!... c'est mon trésor... Je recommande l'enfant à tous les pères de famille... à toutes les mères de famille... à tous les claqueurs de famille.... et vous ne serez pas étonnés que je sois ce soir parmi vous....   (Il déclame.)

Un père est un claqueur donné par la nature.

LE DIRECTEUR.

Allez donc!... allez donc!

TOUS.

Nous attendons!... nous attendons!...

GASPARD.

Bien!... la république est sauvée... (Aux musiciens.) Jouez la *Marseillaise!*

(Tout le monde se presse autour de Gaspard qui se dispose à sortir avec sa fille.)

ACTE TROISIÈME.

Le théâtre représente un cabinet garni de bibliothèques.

SCÈNE I.

BADULEAU, ERNEST, HENRIETTE.

ERNEST.

M. Castor est-il chez lui?...

HENRIETTE.

Non, monsieur... il est à sa répétition...

BADULEAU.

La pièce qu'on joue ce soir est de lui.

ERNEST.

Je le sais... Il ne peut tarder... je vais l'attendre...

(Il s'assied à droite.)

BADULEAU, à Henriette.

Quel succès! Ça va être comme aux autres pièces de monsieur.

Air de Marianne.

Ma foi! si la sall' n'est pas pleine
Ça n' s'ra pas d' ma faut' je l' prédis;
Depuis c' matin, ai-je eu d' la peine
Pour placer des billets gratis!
J' les porte en masse
Pour toute place
Dans les hôtels, les faubourgs et par-tout...
A la banlieue...
Aussi quell' queue
A tout's nos piec's!... Le public a du goût!...

ERNEST.

Eh! oui... par un pareil système
La foule ne manque jamais!...

BADULEAU.

Et c'est ce que j'appellerais
S' fair' sa queue à soi-même!...

HENRIETTE, remontant la scène.

Voici monsieur.

SCÈNE II.

LES MÊMES, CASTOR*.

M. CASTOR, entrant en désordre.

C'est bien!... c'est bien!... allez-vous-en au diable!... je ne veux voir personne... (A Henriette, sans voir Ernest...) Henriette!...où est ma femme?
(Il dépose son manuscrit sur la table.)

HENRIETTE.

Madame est allée porter des billets à sa famille pour la représentation de ce soir...

M. CASTOR.

Elle a de l'esprit, ma femme!... Donnez-moi ma robe de chambre... (Apercevant Baduleau.) Qu'est-ce qu'il fait là, le portier?...

BADULEAU.

Monsieur, j'ai porté tous vos billets, et...

M. CASTOR.

Vous êtes une bête... allez-vous-en...

ERNEST.

Mon Dieu!... mon cher Castor... qu'y a-t-il donc?...

M. CASTOR, allant à lui.

Ah!... Monsieur Ernest... c'est vous!... je ne vous voyais pas... pardon... Ah! mon cher..... quelle galère que le théâtre... (Au portier.) Vous en irez-vous, enfin?...

BADULEAU, montrant un sac d'argent.

C'est que j'ai apporté à monsieur l'argent de ses locataires...

M. CASTOR.

Ah!... très bien!... Ils ont tous payé?...

BADULEAU.

Excepté ce petit auteur du septième... il dit qu'il est le confrère de monsieur.

M. CASTOR.

Mon confrère!... mon confrère!... je suis son propriétaire... Ces petits auteurs... ils sont si envieux!.. Ils vont être enchantés de ce qui m'arrive.

HENRIETTE.

Le fermier de monsieur est aussi venu apporter de l'argent.

ERNEST, riant.

Ah!... mais... la galère est bonne!... des fermes!... des vignes!...

M. CASTOR.

Que voulez-vous!
AIR : Vaudeville de Partie et Revanche.
Les auteurs, au siècle où nous sommes,

* Baduleau. Henriette, Castor; Ernest, assis.

Se nourrissent peu de lauriers,
Et l'on voit bien plus de grands hommes
Propriétaires ou rentiers.
Moi... je suis riche comme quatre...
Et, tour-à-tour, vigneron, écrivain...
Je fais, par an, vingt pièces de théâtre,
Et quarante pièces de vin.

BADULEAU.

Et je dis que c'est du chenu! votre vin a du bouquet... comme vos drames!... et si monsieur voulait me donner un billet pour mon épouse et pour moi...

M. CASTOR, impatienté.

Vas-tu retourner à ta porte... ou je te jette par la fenêtre! Je n'y suis pour personne... à moins qu'on ne vienne de la liste civile... pour un cadeau que j'attends...

ERNEST.

Oh! oh! de la porcelaine!

SCÈNE III.

M. CASTOR, ERNEST.

M. CASTOR.

Qui me procure votre aimable visite, ce matin, monsieur le comte?...

ERNEST, se levant.

Je vous rapporte la loge que vous m'avez envoyée, il m'est impossible d'en profiter ce soir; j'ai une aventure... un rendez-vous à Auteuil. Vous comprenez.

M. CASTOR.

Vous êtes bien heureux de n'avoir que cela dans la tête!

ERNEST.

Dam!... mon cher, chacun ses succès... vous, ce soir, vous en aurez un...

M. CASTOR.

Oui... colossal!... j'y comptais!... et il faut qu'un caprice, une querelle... une sottise vienne dissiper tout cela!...

ERNEST.

Qu'est-ce que vous dites?

M. CASTOR.

On ne me joue pas!...

ERNEST.

Bah!

M. CASTOR.

Ces acteurs sont si despotes!... ces directeurs si ingrats... ingrats pour ceux qui font leur fortune... et, parcequ'ils nous paient soixante mille malheureux francs de droits d'auteur par an!...

ERNEST.

Mais... c'est assez gentil!

M. CASTOR.

Eh bien! vrai, je ne tiens pas à la fortune, moi! je me retirerai avec ma pauvreté, dans mon château!... Et moi qui comptais sur la pièce de ce soir pour des réparations... mais

n'y pense, mon cher comte... c'est Anita qui
refuse de jouer.

ERNEST.

Anita... Elle est capable de tout!...

M. CASTOR.

Vous êtes son amant.

ERNEST.

Nous sommes brouillés.

M. CASTOR.

Vous la déciderez à n'être pas malade.

ERNEST.

Ah! bien oui, j'en aime une autre... un ange
que j'enlève au théâtre... pour l'emmener à
Bade avec moi.

M. CASTOR.

Allons donc !

ERNEST.

J'en suis fou!... Je l'attends ce soir à ma
villa... où je cours.

HENRIETTE, en dehors.

Eh! non, non, on n'entre pas !

GASPARD, criant en dehors.

Je suis régisseur du théâtre.

M. CASTOR.

Le régisseur !...

ERNEST.

Eh!... c'est la voix de M. Gaspard, (riant.) le
père de l'enfant...

(Il fait semblant d'examiner les gravures.)

SCÈNE IV.

LES MÊMES, GASPARD, ANAIS*.

GASPARD, entrant.

J'y suis !...

M. CASTOR.

Non, non... ce n'est pas le régisseur... c'est...

GASPARD.

Gaspard!... Gaspard, monsieur l'auteur...
Gaspard... le doyen des artistes de France.

M. CASTOR.

Mais, monsieur...

ERNEST, à part, sans se montrer.

Que diable viennent-ils faire ici?

GASPARD.

Oh! de grâce, laissez-moi me remettre de
mon trouble... il me semble que j'entre dans le
sanctuaire du génie!... Avancez, ma fille, et
faites la révérence au plus beau talent drama-
tique de l'époque... Voyez comme elle tremble.

ANAIS.

Oh! oui!... j'éprouve une émotion... je suis
si jeune...

GASPARD.

Seize ans et demi... pauvre enfant!

ERNEST, à part et à l'écart.

Où diable veut-il en venir, le père noble?
observons bien.

* Anaïs, Gaspard, Castor; Ernest, dans le fond, regardant les tableaux.

LE PÈRE DE LA DÉBUTANTE.

ANAIS.

Seize ans et demi, monsieur... Et c'est la
première fois que je me trouve en face d'un
homme dont la réputation... Oh !... certainement... votre réputation... aussi... je ne saurais
exprimer...

GASPARD, à part.

Elle patauge horriblement.

M. CASTOR.

Enfin, vous venez...

GASPARD.

Pour un service.

M. CASTOR, à part avec humeur.

Bon ! encore une pièce de cent sous.

GASPARD.

Un service... que je veux vous rendre à vous
et à la France tout entière !...

ERNEST, à part, riant.

Le voilà dans ses histoires!...

M. CASTOR.

Expliquez-vous donc, monsieur !...

GASPARD.

Non, monsieur, je ne m'expliquerai pas...
c'est l'enfant qui s'expliquera... elle vous dira...
modère l'émotion que te cause l'aspect d'un
grand homme! ma fille... Elle n'en voit pas
tous les jours*. Approche... plus près... encore,
encore... et parle sans crainte à monsieur... il
va t'accorder ta demande... je vois ça dans ses
yeux... au milieu des éclairs du génie, qui
dardent autour de lui.

ERNEST, à part, riant.

Le vieux farceur!

M. CASTOR, à part.

Il s'exprime fort bien, cet homme-là.

ANAIS, bas.

C'est qu'il n'est pas beau.

GASPARD, de même.

Chut!... le génie est naturellement laid...
(Haut.) Parle, tu le vois... malgré sa célébrité
européenne, monsieur n'a pas cet air faquin
des auteurs du jour; monsieur a l'air d'un
simple homme... va donc! (Bas.) Et ne t'em-
barbotte pas comme tout-à-l'heure !

ANAIS.

Mon père m'encourage, monsieur, car mon
père est un de vos plus grands admirateurs...

GASPARD.

Tu aurais pu dire le plus grand, le plus py-
ramidal... Va toujours.

ANAIS.

Depuis long-temps j'ai appris de lui à appré-
cier vos ouvrages.

GASPARD, la soufflant.

Votre personne !

ANAIS.

Votre personne! je fesais consister le bon-

* Gaspard. Anaïs. Castor ; Ernest, toujours sur le deuxième plan.

heure de ma vie à connaître un auteur si... si connu...

GASPARD, de même.

Si célèbre !

ANAÏS.

Si célèbre !... j'admirais vos ouvrages...

GASPARD, bas.

Bien !

ANAÏS.

Et j'aimais...

GASPARD, bas.

Votre caractère !

ANAÏS.

Votre caractère...

GASPARD, de même.

Très bien ! (Haut.) Je ne lui fais pas dire, monsieur... l'enfant parle d'elle-même.

M. CASTOR.

Je suis flatté... assurément... mais le motif...

ERNEST, à part.

Je veux être pendu si je comprends...

ANAÏS.

Le motif, monsieur... le voici !... votre pièce ne peut être jouée ce soir faute d'une actrice... qui est malade, dit-on, et je viens m'offrir pour la remplacer...

M. CASTOR.

Vous !...

ERNEST, s'avançant *.

Ça n a pas le sens commun...

ANAÏS, l'apercevant.

Ah !...

GASPARD.

Hein ?...

ANAÏS, bas.

Papa, c'est lui ! le comte de ce matin.

GASPARD.

Diable !... chut ! n'aie pas l'air... il ne se doute de rien.

M. CASTOR, à Ernest.

Vous connaissez cette jeune fille ?

ERNEST.

Si je la connais !

GASPARD.

Eh ! mais... c'est monsieur Piston... Le cornet de Musard.

GASPARD.

Qu'est-ce qu'il dit ?

ERNEST.

Silence ! (Bas à Anaïs.) Vous n'avez donc pas lu ma lettre ?

GASPARD, se plaçant entre eux **

Hein !... quelle lettre ?

M. CASTOR, à Ernest.

Quelle lettre ?

ERNEST, bas à M. Castor.

Chut ! je vous expliquerai ***...

GASPARD, bas à Anaïs.

Va donc toujours !...

* Gaspard, Anaïs, Ernest, Castor.
** Anaïs, Gaspard, Ernest, Castor.
*** Anaïs, Gaspard, Castor, Ernest.

ANAÏS.

J'avais appris... en le faisant répéter à demoiselle Anita... mon amie, son rôle dans pièce de ce soir... C'est si beau !...

ERNEST.

Plaît-il ?... le rôle d'Anita !

GASPARD.

Elle n'en dormait plus !

M. CASTOR, à Ernest.

Pauvre petite !... elle m'intéresse... mais rôle si difficile...

ERNEST.

Fait pour un premier sujet...

ANAÏS.

Oui... un premier sujet qui est malade... très malade... Alors j'ai dit à mon père : Eh ! bien, non, le public ne sera pas privé plus long-temps d'un chef-d'œuvre qu'il desire si ardemment depuis six mois.

GASPARD.

L'enfant me l'a dit, monsieur.

ANAÏS.

Et ce soir, je jouerai ce rôle d'Anita...

M. CASTOR.

Quoi ! vous joueriez ?...

ERNEST.

Par exemple !...

(Pendant la tirade suivante Ernest pa se au numéro 1 et parle bas à Anaïs.)

GASPARD.

C'est hardi, n'est-ce pas ?... Mais si l'enfant se tait à présent... le père de l'enfant doit vous dire que cette petite fille a plus de talent que la grande actrice... la comédienne en renom, et elle a de plus dix ans de moins !... et ce charme virginal qui est si essentiel à votre rôle... la plus belle création qui soit tombée de votre plume... et si bien assorti à sa candeur... je dirai même... oui, monsieur, j'oserai dire à son innocence... Ce n'est pas parceque je suis son père... mais je soutiendrai envers et contre tous, que

« Le jour n'est pas plus pur que le fond de son cœur. »

Vers un peu rococo... parcequ'il est de ce polisson de Racine... mais qui peint allégoriquement, et de la manière la plus positive, la situation morale et physique de l'enfant... Le jour n'est pas plus pur... (Passant brusquement entre Ernest et Anaïs pour les séparer.) Que le diable t'emporte !... (Retournant de suite à M. Castor.) Ainsi vous consentirez à son triomphe... au vôtre, homme étonnant !... (Appuyant.) Homme étonnant ! laissez-vous attendrir... ne résistez pas à nos prières...(Bas à Anaïs.) Pleure !... (à Castor.) à ses larmes !... là !... elle pleure !... vous voyez.

ERNEST, à M. Castor *.

Allons donc ! allons donc, mon cher, ce serait compromettre le sort d'un si bel ouvrage.

* Anaïs, Gaspard, Castor, Ernest.

GASPARD.

M. Piston!...

ANAÏS.

C'est affreux ce que vous faites-là!... J'ai du penchant pour le théâtre...

GASPARD.

Et pour les hommes de génie. Mais elle n'en a pas pour vous, qui voulez la séduire... Monsieur... monsieur Piston!... ou plutôt monsieur le comte, car je sais que vous êtes un comte... Il faut que monsieur sache que vous voulez séduire l'enfant... l'enlever au théâtre. (à Castor.) et empêcher votre pièce de paraître... nuire à votre triomphe... à votre gloire!... (A Ernest.) Oui... vous avez beau hausser les épaules, c'est comme ça.

ERNEST.

Mais je n'ai rien haussé du tout.

GASPARD.

Si fait!... Et ce n'est pas la première fois que ça vous arrive... quand on parle du mérite de monsieur...

ERNEST.

Moi?...

GASPARD.

A la dernière première représentation... de monsieur... je vous ai vu à l'avant-scène... vous avez bâillé tout le temps derrière vos gants jaunes... comme ça.

(Il fait le geste.)

M. CASTOR **.

Hein?... une avant-scène que je vous avais donnée...

ERNEST.

Eh! non... je vous assure...

GASPARD.

Et vous voulez empêcher mon enfant de débuter!... vous?... vous?... Elle débutera malgré vous... car mon auteur... Ah! pardon de vous avoir touché!... Oui, oui, mon auteur... Vous êtes mon auteur... Mon auteur, qui doit se connaître en actrices... va voir par lui-même... Allons, Anaïs... récite quelque chose de monsieur à monsieur.

ERNEST.

Mais vous avez beau faire... le directeur ne consentira jamais...

GASPARD.

Si fait! Il nous attend au théâtre...

M. CASTOR.

Vous l'avez vu?

GASPARD.

Il est enchanté de l'enfant... mais c'est votre suffrage que nous voulons. Vous comprenez bien que le directeur... on s'en moque pas mal. Allons, Anaïs, la scène d'exposition.

ERNEST.

Une exposition... ça ne prouve rien!

M. CASTOR.

Non, j'aime mieux la dernière scène...

* Anaïs, Castor, Gaspard, Ernest.
** Anaïs, Gaspard, Castor, Ernest.

GASPARD.

C'est égal, c'est sublime partout (A Ernest.) Oui, oui, sublime!

ERNEST.

Eh! parbleu! je le sais bien! (A part.) Et l'autre qui croit tout cela... le pauvre homme!

GASPARD.

Voulez-vous avoir la bonté de me confier le manuscrit?... (Il va le prendre sur la table.) * Oh! j'en aurai soin! C'est du nanan!... c'est du nanan pour le public!... Allons, Anaïs... cette belle tirade... cette sublime tirade, où la jeune vierge du soleil supplie le jeune Espagnol de fuir... de l'abandonner... N'oublie pas sur-tout de faire voir à monsieur comme tu es bien quand tu te trouves mal.

ERNEST, à part.

Parbleu!... je suis curieux de voir si elle a une ombre de talent.

(Il s'assied.)

M. CASTOR, s'asseyant.

Allons... ça peut me décider.

GASPARD, à l'auteur.

Monsieur connaît la situation...

M. CASTOR.

Mais, qui ne la connaîtrait... si ce n'est moi?... l'auteur!...

GASPARD.

Ah!... c'est que quelquefois... il y a des auteurs qui ne connaissent pas leurs pièces... On peut dire ça à monsieur... Va, mon enfant, va!... Vous allez voir! (A Ernest.) Puisque vous êtes curieux de voir... Je vais te donner la réplique. (Il déclame.) « Fatty!... Fatty!... tes priè- « res... tes larmes sont inutiles... puisque tu ne « veux pas fuir avec moi, je reste!... » Un auteur ordinaire n'aurait pas manqué de dire : « Je de- « meure! » Mais non, le grand auteur a mis : (Il répète en déclamant.) « Je reste!.. »

ANAÏS.

« Alonzo, cher Alonzo!... Veux-tu donc que « Fatty perde le fruit de l'affreux sacrifice qu'elle « vient de faire à ton salut!... Oh!...»

(Mouvement de M. Castor.)

GASPARD.

Tu glisses trop légèrement sur l'Oh! Oh!... Appuie ferme sur l'oh!... remonte sur l'oh!

ANAÏS.

« Oh!... ne comprends-tu pas... tout ce que « peut avoir de sublime le dévouement d'une « pauvre fille... qui pour sauver l'ami de son « choix... l'époux qu'elle s'est donné devant « Dieu...

GASPARD.

Lève la main... devant Dieu!

ANAÏS, continuant.

« Consent à s'unir pour la vie à un homme « qui n'a d'humain que le nom d'homme... cette « créature, ou plutôt ce tigre péruvien altéré du « sang des Espagnols...»

(Gaspard respire en charge. Anaïs l'imite.)

* Gaspard, Anaïs, Castor, Ernest.

GASPARD.

Comme c'est tapé !

ERNEST, bas à M. Castor.

C'est faible, mon cher... ça n'ira pas !

ANAÏS.

« Eh bien !..... pour te sauver, je l'ai cher-
« ché... je l'ai prié... je me suis jetée dans ses
« bras... moi, vierge timide et pure.... j'ai con-
« senti à partager l'oreiller où allait reposer sa
« tête effrayante.... parceque je savais que sous
« cet oreiller conjugal était la clef de ton ca-
« chot !... »

M. CASTOR.

Appuyez !...

GASPARD.

C'est ce que je lui dis toujours... appuie, appuie sur l'oreiller.

CASTOR.

Non sur la clef... le mot de valeur.

GASPARD.

Oh ! comme la clef se trouve sous l'oreiller...
nécessairement en appuyant sur l'oreiller on
appuie sur la clef... En général, je lui dis d'appuyer sur l'idée qui est... Je n'ai pas d'expres-
sion... Cette femme qui épouse cet homme....
pour voler sous l'oreiller la clef du cachot de
l'autre homme !... Seigneur Dieu ! où prenez-
vous tout ça ?

ERNEST.

Chut donc !... vieux flatteur !...

GASPARD, à Anaïs.

Va donc !

ANAÏS.

« Cette clef... je l'ai payée de mon amour... de
« mon bonheur.... je me suis sacrifiée tout en-
« tière à toi.... et quand ton cachot est ouvert...
« tu veux attendre la mort !... O mon ami... mon
« Alonzo !.... fuis, fuis, je t'en conjure.... et n'at-
« tends pas l'arrivée de tes bourreaux... »

GASPARD, lisant et déclamant.

« Non, non... tu me supplies en vain... fuis
« avec moi, ou je demeure... » Un auteur vul-
gaire aurait dit : « je reste ! » Mais non, l'homme
de génie a mis : (Répétant.) « Je demeure !... »

ANAÏS.

« Mais je ne suis plus digne de toi ! »

GASPARD.

« Plus digne de moi ! tu en es plus digne que
« jamais... et jamais... » (Il frappe le théâtre de son
pied.) Pan !...

ERNEST, riant.

Qu'est-ce que c'est que ça ?

GASPARD.

C'est le canon qui annonce le retour de l'au-
rore.

ANAÏS.

« Entends-tu ?... entends-tu ?... ils vont ve-
« nir !... fuis !... fuis !... fuis !... »

M. CASTOR.

Très bien ! très bien !...

GASPARD, frappant encore le théâtre de son pied.
Pan !...

ANAÏS.

« Ah !... il n'est plus temps !... »

(Elle tombe sur un fauteuil.)

M. CASTOR.

Ah ! ce n'est pas ça...

ERNEST.

Ce n'est pas ça du tout !

GASPARD.

Monsieur ne serait pas content ?...

M. CASTOR.

Il y a de l'ame, de l'entraînement... mais mademoiselle se trouve mal... mal...

ERNEST.

Très mal !

GASPARD, à part.

Il me fait bouillir, celui-là ! (A Anaïs.) Veux-
tu recommencer ça... En vérité, je ne te reconnais pas... (A Castor.) Vous ne vous faites pas
une idée comme cette enfant se trouve mal chez
nous... mais ici, je suis de votre avis, elle se
trouve mal... mal... Recommençons ça... oh !...
nous y viendrons... nous y viendrons... nous y
viendrons !... (A Anaïs.) Fais-moi l'amitié de te
trouver mal... et comme il faut...

ANAÏS, reprenant.

« Ah !... il n'est plus temps !... »

(Elle tombe sur le fauteuil.)

M. CASTOR.

Ce n'est pas encore cela...

ERNEST.

Ça ferait rire !...

GASPARD.

Mais non !

ERNEST.

Mais si...

GASPARD, à part.

Lovelace, va !... (A Anaïs.) Recommençons !

ERNEST, se levant.

Ah çà, est-ce que vous allez nous faire rester
là jusqu'à demain ?

GASPARD, à Ernest.

Assis !... assis !... (A part.) Allons... attention...
(La pinçant très fort.) Petite sotte !

ANAÏS.

Aie !...

(Elle tombe dans le fauteuil.)

M. CASTOR, se levant.

Ah ! bravo !... C'est beaucoup mieux !..

GASPARD.

Parbleu !

M. CASTOR.

Allons à la répétition... ça ira, ça ira.

ERNEST.

A la répétition !... Et si Anita reprenait son
rôle, ce soir...

GASPARD.

Elle est trop malade...

ERNEST.

Et puis, mon cher, prenez garde... M. Brulot lui porte beaucoup d'intérêt.

M. CASTOR.

Ah diable !... Brulot ! c'est juste !...

ERNEST.

Vous savez... c'est un journaliste influent....
il tuera votre pièce demain.

M. CASTOR.

Un journal à la mode !... (Il veut reprendre le
manuscrit.) Donnez, donnez...

GASPARD.

Monsieur Brulot !... il ne tuera rien du tout,
car je le verrai aujourd'hui, tout de suite...

M. CASTOR.

Vous avez raison... Et tenez... j'y cours moi-
même... avec vous et votre fille. (A Henriette.)
Vite une citadine.

ERNEST, à part.

Et moi, je vais aller chez Anita... et nous
verrons...

SCÈNE V.

LES MÊMES, HENRIETTE.

HENRIETTE.

On apporte de la porcelaine à monsieur ; et
puis il y a là un garde municipal.

M. CASTOR.

Ah, oui ! de la liste civile... faites entrer. C'est
un cadeau pour ce drame... que j'ai eu à Fon-
tainebleau.

GASPARD.

Et on vous envoie de la porcelaine ? C'est de
l'argent, c'est de l'or, c'est du bronze qu'il vous
faudrait ".

(Entre un garçon, portant de la porcelaine, et un garde
municipal.)

SCÈNE VI.

LES MÊMES, LE GARDE MUNICIPAL.

M. CASTOR.

Bien, mettez cela ici.

LE GARDE MUNICIPAL, présentant un papier.

Voulez-vous signer mon reçu ?

M. CASTOR.

Donnez.

(Il signe.)

ERNEST, bas à Gaspard.

Ah ça ! dites-donc, vous laissez partir votre
fille... seule... avec monsieur Castor... dans une
citadine. Prenez garde ! c'est un vieux fat !

GASPARD.

Non, monsieur, je ne la laisse pas partir
seule ; je vais avec eux. Ah ! vous êtes vexé,
mais c'est égal.

* Anaïs, Castor, Gaspard, Ernest.
" Anaïs, Castor, le Garde municipal, Gaspard, Ernest.

LE GARDE MUNICIPAL, examinant Gaspard.

Eh, mais ! je reconnais mon particulier
d'hier.

M. CASTOR, à Anaïs.

Et vite votre bras.

ANAÏS.

Me voici.

ENSEMBLE.

MARCHE du Chalet.

Allons, allons, courons vite,
Le journaliste est tout près ;
Rendons-lui cette visite
Qui nous promet un succès.

(M. Castor sort avec Anaïs, Gaspard veut en faire autant,
le garde municipal l'arrête.)

SCÈNE VII.

ERNEST, GASPARD, LE GARDE
MUNICIPAL*.

LE GARDE MUNICIPAL.

Minute !... Dites donc, vous ?

GASPARD, le regardant.

Qu'est-ce que...? (Reconnaissant le garde.) Ah !
mon Dieu ! mon garde municipal...

ERNEST, riant.

De la salle Chantereine ?

LE GARDE MUNICIPAL.

Ah ! malin... rendez-moi mon pantalon !

GASPARD.

Une autre fois... je suis pressé... ma fille...

LE GARDE MUNICIPAL.

Je m'importe peu ; rendez tout de suite, ou
je vous arrête.

ERNEST, riant.

Bravo ! et la fille en fiacre !

GASPARD, se débattant.

Lâchez donc ! Vous détériorez mon habit.

LE GARDE MUNICIPAL.

Mon pantalon !

GASPARD.

Vous allez le déchirer...

LE GARDE MUNICIPAL.

Rendez vite le pantalon, ou je garde le chapeau !

(Il lui prend son chapeau et le lâche.)

GASPARD, lui prenant son chapeau.

Municipal, j'ai bien l'honneur de vous sa-
luer.

(Il sort.)

LE GARDE MUNICIPAL.

Eh ! monsieur !... monsieur !

(Il court après lui.)

ERNEST, riant aux éclats.

Ah ! ah ! impayable !... d'honneur !...

(Le rideau tombe.)

* Gaspard, le Garde municipal, Ernest.

ACTE QUATRIÈME.

Le théâtre représente un boudoir gothique, avec des tableaux, des plâtres, et un bureau couvert de journaux. Ameublement gothique.

SCÈNE I.

DAMES élégamment parées ; UN DOMESTIQUE en livrée.

AIR de Gustave.

DAMES, portant des bouquets.

Avec nos cœurs,
Voici des fleurs !...
Tout l'Opéra
Lui doit bien ça !...
Car son journal
Est sans rival...
Il est si bon
Son feuilleton !

UNE DAME.

A l'Opéra
Qu'il sache ça...
Vraiment toute la danse...
Pour l'adorer...
Pour l'admirer...
Aura de la constance !...

Ah ! mes chères, voyez donc quel genre pour un journaliste : un boudoir gothique, des bahuts, des poteries, des charges de Dantan. (Apercevant Brulot.) Ah ! le voilà !

CHOEUR.

Avec nos cœurs, etc.

SCÈNE II.

LES MÊMES, M. BRULOT.

M. BRULOT.

Eh ! mes petits rats, qu'est-ce donc qui vous amène ? L'intérêt de l'art ?...

UNE DAME.

Ne le savez-vous pas ? n'est-ce pas aujourd'hui votre fête ?

M. BRULOT.

Bah ! vrai ! ma fête !... je n'y pensais pas, ma parole d'honneur !

LA MÊME DAME, aux autres.

Laissez donc ! il nous attendait. (Haut.) Et ce matin, après la répétition, nous nous sommes dit : « Allons voir, allons fêter notre ami, notre journaliste, notre père !

M. BRULOT.

Et vous avez bien fait, mes petits anges... Et des fleurs ! que c'est gentil !... Permettez, dans l'intérêt de l'art...

(Il les embrasse.)

LA MÊME DAME.

Nous nous recommandons à votre gracieuse

indulgence, pour le dernier ballet : *la Chatte métamorphosée en femme.*

M. BRULOT.

La chatte ! pauvres petits rats ; je vous soignerai en ami ; mais, sur-tout, point d'agaceries aux gants jaunes de la loge infernale, mes petits démons ! Vous ne devez regarder que les journalistes, dans l'intérêt de l'art. Merci, mes petits anges, merci... à demain ! vous serez contentes de moi.

CHOEUR.

Avec nos cœurs , etc.

(Ils sortent.)

SCÈNE III.

M. BRULOT, JUSTIN.

M. BRULOT.

Ah ! Justin !... prenez ces bouquets... et à la représentation de ce soir vous les jetterez tous à mademoiselle Anita, à la fin de la pièce... Ah ! ah ! mes lettres, bien... Allez. (Justin sort. M. Brulot se jette sur un canapé.) Voyons... (Lisant une lettre.) Un auteur qui m'envoie ses plaintes... ses lamentations... Ah ! j'aime mieux les fleurs de ces dames ! (En prenant une autre.) Eh ! mais celle-ci... elle est d'Anita... Que peut-elle m'écrire ?... Ah ! cher amour ! pour elle, je suis bien sûr qu'elle ne me trahit pas ! aussi je lui ferai un feuilleton... Ah ! mon Dieu !... (Lisant.) « Je me suis trouvée mal à la répétition... » Allons, quelque caprice !... (Lisant.) « Je ne joue « pas ce soir... » Elle fait manquer le spectacle, je la reconnais là... (Lisant.) « Le médecin du « théâtre m'a donné un certificat... » Parbleu !...

AIR : Qu'il est flatteur d'épouser celle.

Tous les médecins de théâtre
Sont des messieurs fort indulgents...
A l'actrice qu'on idolâtre
Offrant les premiers leur encens,
En récompense d'une œillade,
Ils signeraient aveuglément,
Pour attester qu'elle est malade,
Même un billet d'enterrement !...

(Lisant.) « Il m'ordonne d'aller tout de suite chez « ma mère.... respirer l'air de la campagne. » Ah ! diable ! c'est différent... (Lisant.) « Annonce mon indisposition. » Certainement... je l'annoncerai à toute la France... dans l'intérêt de l'art.

JUSTIN , annonçant.

Monsieur Castor !

M. BRULOT.

M. Castor! que me veut donc ce monsieur?...
Il vient peut-être me demander raison de mon
dernier article.

SCÈNE IV.

M. BRULOT, M. CASTOR, ANAIS.

M. CASTOR.

Eh! venez, ma chère enfant, venez!... nous
serons bien reçus par M. Brulot.

M. BRULOT.

Certainement... Vous êtes auteur?

M. CASTOR.

Auteur et propriétaire.

M. BRULOT.

Eh! mais, la jolie personne...

ANAIS.

Monsieur est très bon, et je suis trop heureuse... Oh! oui... assurément... (A part.) Mon
Dieu, quand papa n'y est pas, je n'y suis plus.

M. CASTOR.

Je vais droit au fait... Nous sommes pres-
sés... C'est votre avis, votre consentement que
je viens vous demander... avec cette jeune artiste que je vous présente.

M. BRULOT.

Ah! mademoiselle est artiste?...

ANAIS.

Oui, monsieur.

M. CASTOR.

Mademoiselle Anita... que vous connaissez,
je crois, est un peu indisposée...

M. BRULOT.

Dites gravement malade, monsieur.

M. CASTOR.

Excessivement malade; mais le directeur est
encore plus malade qu'elle, s'il ne peut pas ouvrir ce soir; il veut des recettes...

M. BRULOT.

Des recettes!... tous les directeurs ont cette
manie-là.

M. CASTOR.

Et nous avons pensé... que si vous le vouliez
bien... car nous ne voulons rien faire sans votre
aveu...

M. BRULOT.

Eh bien!

M. CASTOR.

Eh bien!... mademoiselle pourrait jouer le
rôle de la jolie malade.

M. BRULOT.

Le rôle d'Anita?

ANAIS, faisant la révérence.

Oui, monsieur.

M. BRULOT.

Allons donc!... le rôle d'Anita?... mais c'est
de la folie!

M. CASTOR.

Mais permettez...

ANAIS.

Mon Dieu! il se fâche!

M. BRULOT.

C'est impossible! donnez-lui votre rôle...
que le directeur y consente... pour moi, je crie-
rai, je défendrai une actrice pleine de zèle et
de bonne volonté... une actrice qui a toutes
les perfections...

ANAIS.

Mais quand toutes ces perfections sont indis-
posées...

M. CASTOR.

Oui, quand toutes...

M. BRULOT.

Mais non, cela ne se peut pas.

SCÈNE V.

LES MÊMES, GASPARD[*].

(Il est coiffé du chapeau à trois cornes du garde municipal.)

GASPARD, en dehors.

Ma fille!... Anaïs!...

ANAIS.

Ah! c'est lui!

M. BRULOT.

Qui, lui?...

ANAIS, courant à lui.

Mon papa!

GASPARD, entrant.

Ma fille!

M. CASTOR, à Brulot.

C'est son père... un brave homme...

GASPARD.

Pardon!... je vous suivais... mais impossible
d'attraper ce satané fiacre!... Ce n'est pas que
je craignisse au moins... Ah! Dieu!... ma fille...
mon auteur... oh! oui... Mais, permettez, je
suis ici chez...

M. CASTOR.

M. Brulot.

ANAIS.

Le journaliste.

GASPARD, ôtant son chapeau.

Ah! saprelotte! moi qui entre ici comme sur
la place Louis XV... Monsieur, ah! monsieur...
(A Anaïs.) Ma fille, saluez le plus beau talent...
(A part.) Comment dirai-je à celui-là?... (haut.)
le plus beau talent littéraire de l'époque.

M. CASTOR.

Dam! voyez, parlez à monsieur..... il refuse[**]...

GASPARD.

Ah! bon!...

ANAIS.

Monsieur ne veut pas permettre...

[*] Brulot, Castor, Gaspard, Anaïs.
[**] Brulot, Gaspard, Anaïs, Castor.

GASPARD.

Permettez... je ne comprends pas... un homme d'esprit comme monsieur!... car en avez-vous de cet esprit, homme étonnant!... (Appuyant.) Homme étonnant !

M. BRULOT.

Il ne s'agit pas de cela... mais de votre fille, qui ne peut pas débuter dans le rôle d'Anita... qui ne débutera pas... c'est impossible... c'est une affaire d'art, et ma conscience de journaliste me fait un devoir...

(Il s'assied.)

GASPARD, à part.

Attends, attends, je vais t'en donner de la conscience, moi !

M. CASTOR.

Eh bien, n'en parlons plus.

ANAÏS.

Comment, n'en parlons plus !...

GASPARD.

C'est bien fâcheux... car tout le monde consentait... l'auteur, le directeur, mademoiselle Anita aussi.

TOUS.

Hein ! plaît-il !

GASPARD.

Oui, l'adorable Anita. Elle aime tant l'enfant ! c'est son élève, monsieur ; et même elle serait venue, si elle avait eu le temps ; mais je l'ai trouvée qui montait en voiture pour aller à la campagne.

M. BRULOT.

C'est vrai, elle est partie pour la campagne, elle est si malade... mais je ne puis croire qu'elle ait consenti...

ANAÏS, bas.

Il ne le croit pas.

GASPARD.

Oh ! oui, très malade... J'ai vu ça tout de suite ; car elle était pâle, et puis elle s'appuyait languissamment sur le bras d'un beau jeune homme qui est monté en voiture avec elle.

M. BRULOT, vivement, se levant.

Un jeune homme !

GASPARD.

Un amour de jeune homme, qui a, dit-on, trente mille francs de rente, et une livrée amarante.

M. BRULOT, vivement.

C'est le comte Ernest...?

M. CASTOR, à part.

Qu'est-ce qu'il dit ?

TOUS.

Le comte Ernest ?

GASPARD.

Oui... un joli garçon... et comme ils ont l'air de s'aimer...! ils se regardaient comme ça... ah !...

M. CASTOR, bas.

Chut !... taisez-vous donc !

M. BRULOT.

Mais ce serait affreux !

GASPARD, continuant.

Et puis elle m'a dit... avec cette grace... vous savez... « Gaspard, je consens... » Et le jeune homme a crié à son chasseur... aussi avec cette grace... : « A Auteuil ! »

M. BRULOT, marchant avec agitation [*].

A Auteuil ? C'est bien cela. Oh ! les femmes ! les femmes... une actrice à laquelle j'ai constamment sacrifié l'intérêt de l'art...

GASPARD, le suivant.

Comment... monsieur la connaissait ?

M. CASTOR [**].

Mais oui, imbécile !

GASPARD.

Oh ! imbécile... (à Brulot.) Oh ! si j'avais su !

M. BRULOT.

Je ne m'en plains pas, monsieur, au contraire, je vous remercie : c'est un service que vous m'avez rendu.

GASPARD.

Oui ? c'est bien sans intention.

M. BRULOT.

Et pour vous prouver ma reconnaissance, votre fille débutera ce soir.

M. CASTOR.

Vous consentez ?

GASPARD, à part.

Eh ! allons donc !

ANAÏS.

Ah ! papa !

M. BRULOT.

Et demain, ce sera dans mon feuilleton la première actrice de Paris... dans l'intérêt...

GASPARD, le coupant.

Dans l'intérêt de l'art... Parbleu !

M. BRULOT.

Air du Charlatanisme.

Et dès demain dans mon journal
J'en veux faire une grande actrice !...
C'est une George !... une Dorval !...

GASPARD.

Ce sera lui rendre justice !...

M. BRULOT, ôtant sa robe de chambre.
L'intérêt de l'art veut cela !...
Au théâtre par ma présence
Je cours l'appuyer... on verra
Comme je me venge !...

GASPARD, à part.
Et voilà
Ce que c'est que la conscience !...

M. CASTOR.

Le directeur nous attend.

ANAÏS.

Allons vite

[*] Anaïs, Gaspard, Castor, Brulot.
[**] Anaïs, Castor, Gaspard, Brulot.

M. BRULOT.

Partons.

JUSTIN, annonçant.

Monsieur le comte Ernest.

GASPARD.

Ah diable !

M. BRULOT.

Ernest !

(Il a a passé son habit.)

M. CASTOR.

Bon !

SCÈNE VI.

LES MÊMES, ERNEST*.

ERNEST.

Ah ! parbleu, j'étais sûr de trouver ici cet
enragé de Gaspard avec sa fille.

ANAÏS, à part.

Je tremble !

ERNEST.

Bonjour, Brulot ; je viens de chez cette pauvre
Anita que je n'ai pas trouvée chez elle ; mais je
me suis souvenu de l'intérêt que vous prenez
à cette charmante fille, et je venais vous apprendre...

M. BRULOT.

Je sais tout, monsieur.

GASPARD.

Monsieur sait tout, monsieur.

ERNEST.

Et que diable savez-vous ?

M. BRULOT.

Que vous-êtes un fat, monsieur.

ERNEST.

Et vous un impertinent, monsieur.

M. CASTOR.

Monsieur, monsieur...

ERNEST.

Et vous un sot, monsieur.

M. CASTOR.

Je suis propriétaire **.

ANAÏS, dans le plus grand trouble.

Ah ! mon Dieu !

M. BRULOT.

Cela ne se passera pas ainsi.

ERNEST.

Mais je l'espère bien, et vous m'expliquerez...

GASPARD, passant entre eux.

Non, monsieur, pas d'explication. Ça gâte-
rait tout... Mon auteur, ma fille, aidez-moi à
entraîner votre noble protecteur.

ANAÏS.

Venez, monsieur, venez.

ERNEST.

Mais si fait, morbleu ! vous m'expliquerez...

* Castor, Ernest, Brulot, Gaspard, Anaïs.
** Ernest, Brulot, Gaspard, Anaïs, Castor.

GASPARD.

Plus tard, plus tard. (A part.) La victoire est
à nous ! (Haut.) Partons.

TOUS.

Partons !

JUSTIN, annonçant.

Mademoiselle Anita.

GASPARD.

A l'autre !

SCÈNE VII.

LES MÊMES, ANITA*.

M. BRULOT.

Anita... c'est vous... se pourrait-il ? Elle n'est
pas à Auteuil !...

ERNEST.

Ah ! ça se trouve bien !... nous allons voir...

M. BRULOT.

On m'aurait trompé... Mais non... non...
vous saviez que monsieur le comte était ici...

ANITA, à part.

Ernest ici !... que signifie...

GASPARD, à part.

Nous sommes enfoncés dans le troisième des-
sous !

ANITA.

Que font ici ces gens-là ?... et monsieur
Castor !... On ne m'a donc pas trompée !... ils
veulent m'enlever mon rôle.

M. CASTOR.

Ah ! permettez, belle dame...

ANITA.

Vous êtes des intrigants !...

GASPARD, à part.

Je suis comme pétrifié !...

ANAÏS, bas.

Quel malheur !... cela marchait si bien !...

ERNEST.

Oui, oui, il y a une intrigue infernale !...

M. BRULOT.

Ah !... une intrigue !...

ANITA.

Mais elle ne réussira pas !... Je viens vous an-
noncer, mon ami, que je vais beaucoup mieux...
et que je puis jouer ce soir !...

M. BRULOT.

Non, mademoiselle, non... vous ferez beaucoup mieux de retourner à Auteuil avec monsieur ** !...

ANITA, à part.

Il saurait !

ERNEST.

Comment !... retourner à Auteuil !... ce n'est
pas vrai !

ANITA, bas.

Bien ! bien !...

* Ernest, Brulot, Anita, Gaspard, Anaïs, Castor.
** Ernest, Anita, Brulot, Gaspard, Anaïs, Castor.

ERNEST, à part.

Hein !... qu'est-ce qu'elle dit !... (Haut.) Je n'y comprends rien.

M. CASTOR.

Ni moi non plus.

GASPARD, à part.

Bon !... ils barbottent tous !.... Si je pouvais encore embarbouiller l'affaire... Oh !... si ma lettre était restée dans le manchon !...

M. BRULOT, à Ernest.

Vous me rendrez raison !...

ANITA.

Un duel !...

GASPARD, bas, à Anaïs.

Trouve-toi mal !...

ERNEST.

Quand vous voudrez, monsieur !...

M. CASTOR.

Mais, messieurs !... messieurs !...

ANAÏS.

Ah !... ils vont se battre !... séparez-les !... je me meurs !...

GASPARD.

Ma fille !... Elle se trouve mal !...

M. CASTOR, la soutenant dans ses bras.

Mademoiselle !... mademoiselle !...

M. BRULOT.

Ah ! mon Dieu !...

ANITA.

Eh ! qu'elle se trouve mal !... C'est votre faute à vous !...

GASPARD.

Ma fille !... un flacon, de grace, un flacon... ah, mademoiselle... dans votre manchon * !...

(Il passe vivement ses mains dans le manchon et fait tomber ce qu'il contient, le flacon, le mouchoir, la lettre.)

ANITA.

Eh bien !..... eh bien !..... qu'est-ce que vous faites... laissez donc !...

M. BRULOT, se baissant.

Sans doute... donnez... (Ramassant une lettre.) Eh ! mais, une lettre...

GASPARD, à part.

La mienne !... c'est ça !... elle y était encore !... Il y a un Dieu pour la vertu ** !...

M. CASTOR.

Elle revient ! elle revient !...

GASPARD, à M. Castor.

Hein ! direz-vous encore qu'elle se trouve mal... mal ?...

M. BRULOT.

O ciel !...

ANITA.

Qu'est-ce donc ?...

M. BRULOT, lui donnant la lettre.

Anita !... tenez...

ANITA, regardant Ernest.

Ah ! votre lettre...

* Ernest, Anita, Gaspard, Brulot, Anaïs, Castor.
* Ernest, Anita, Brulot, Gaspard, Anaïs, Castor.

ERNEST, étonné.

Ma lettre...

M. BRULOT.

Comte Ernest, je vous reverrai !... Anita, je ne vous reverrai plus !... pas d'explication !...

ERNEST.

Mais, enfin...

GASPARD, reprenant le milieu.

Non, pas d'explication !... ça finirait mal..... et monsieur se doit à son pays avant tout.... dans l'intérêt de l'art !...

ANAÏS, M. CASTOR et GASPARD.

Venez, venez !...

ANITA et ERNEST.

Écoutez-donc !...

M. BRULOT.

Laissez-moi !...

ENSEMBLE.

AIR de Wallace.

ERNEST et ANITA.

Dieu ! quelle perfidie !...
Je saurai me venger.
Anaïs est jolie...
Il veut la protéger...

LES AUTRES.

De cette perfidie !
Je saurai me ⎰
Il saura se ⎱ venger.
Anaïs est ⎰
Il me trouve ⎱ jolie,
Je veux la ⎰
Il veut me ⎱ protéger.

(Ils entraînent M. Brulot. — Musique jusqu'à la fin.)

SCÈNE VIII.
ERNEST, ANITA.

ERNEST.

Que le diable les emporte tous !...

ANITA.

C'est ce vieux scélérat de père Gaspard...

GASPARD, reparaissant tout-à-coup.

Qui ne sera pas aux contremarques... monsieur et madame Piston !...

                 (Il sort.)

ANITA.

C'est lui qui en faisant tomber votre lettre de mon manchon...

ERNEST.

Mais quelle lettre, encore une fois !...

ANITA.

Eh bien !..... ce charmant billet qui me console de tout le reste..... J'allais partir pour Auteuil, quand j'ai appris...

ERNEST, qui a pris la lettre.

O ciel !... quelle perfidie !...

ANITA.

Comment ?...

ERNEST.

La lettre que j'avais écrite à la petite Anaïs !...

ANITA.

Grand Dieu !... que dites-vous, ingrat !...

ERNEST.

Oh ! pardon, ma chère amie, pardon !... ne nous querellons pas, ce n'est pas le moment !... Nous sommes joués tous les deux !..... cette lettre...

ANITA.

Il me l'aurait envoyée...

ERNEST.

Pour vous faire abandonner votre rôle !..

ANITA.

Et faire débuter sa fille !...

ERNEST.

Et me mystifier !...

ANITA.

Oh ! j'étouffe ! je suffoque !...... Je cours chez le directeur !...

ERNEST.

J'expliquerai tout au journaliste !...

ANITA.

Je reprends mon rôle !...

ERNEST.

Bravo !... du scandale !... Le spectacle doit être amusant ce soir !...

(Ils sortent.)

ACTE CINQUIÈME.

Le théâtre représente les coulisses du théâtre sur le second plan, de telle sorte que l'entrée sur la scène fait face aux spectateurs. Le côté du public, à droite, est masqué par un décor qui empêche de voir les acteurs en scène.

SCÈNE I.

GASPARD, GEORGES, MACHINISTES.

(Au lever du rideau les garçons placent les décors et allument les quinquets. — Acteurs et figurants se promènent sur le théâtre ; les uns sont costumés pour la pièce, d'autres sont en bourgeois.

CHŒUR.

AIR de Fra Diavolo.

Vite !... place dans les coulisses !...
Hâtez-vous, il faut nous presser...
Sonnez les acteurs, les actrices,
Le spectacle va commencer.

GASPARD, entrant d'un air rayonnant.

Ah ! enfin, nous y voilà !... et ce n'est pas sans peine !..... (Il s'essuie le front. — A Georges.) Eh, vite !.... on peut faire descendre les musiciens à l'orchestre, et le souffleur dans son trou. (On voit passer les musiciens avec leurs instruments et le souffleur avec son manuscrit.) Dieu ! que j'ai chaud !... je dis que voilà un début à la baïonnette... il n'y a pas à s'en dédire... ma fille est sur l'affiche, et le public est entré !... je viens de le voir, cet excellent public, par le trou de la toile... la salle est comble !... que c'est beau, une salle comble... quand tout le monde a payé !... Ah ! çà, et le directeur ?

LE RÉGISSEUR.

Il est renfermé avec l'auteur et un autre monsieur.

GASPARD, à un garçon de théâtre.

Ah ! çà, mon garçon, il faut ici de l'intelligence, chut !...

GEORGES.

Qu'est-ce qu'il y a, monsieur ?

GASPARD, fouillant dans sa poche.

Vous allez me faire le plaisir d'acheter deux gros bouquets, pour les jeter du cintre à l'enfant... coup sur coup... pan pan !...

GEORGES.

C'est vingt francs...

GASPARD.

Hein ?

GEORGES.

C'est vingt francs.

GASPARD.

Ah ! oui... vingt francs... je sais bien... allez toujours.

GEORGES.

Mais la marchande...

GASPARD.

Eh ! bien... est-ce qu'elle ne fait pas crédit, la marchande ?

GEORGES.

Jamais.

GASPARD.

En ce cas, allez chez une autre, mon cher, moi je n'achète qu'aux gens qui font crédit...

SCÈNE II.

LES MÊMES ; ANAIS, costumée pour le rôle de la vierge du soleil.

ANAÏS *.

Me voilà ! me voilà ! je suis prête.

GASPARD.

Ma fille !... Dieu ! que tu es bien !

ANAÏS.

Tu trouves, papa ?

GASPARD.

Tu es mise... que c'est une perfection... C'est étonnant comme ça va bien aux femmes le costume sauvage... Attends ! tu n'as pas assez de rouge à gauche... (Il tire un petit pot de sa

* Gaspard, Anaïs, acteurs, actrices et employés vont et viennent sur le théâtre.

poche et lui met un peu de rouge.) Il y a beaucoup de monde ! des toilettes superbes !... Et puis tu as trop de blanc sous le menton... (Il tire une petite patte de lièvre pour enlever du blanc.) Et bien composé surtout !... Tes faux cheveux tiennent-ils bien ?

ANAÏS.

Oui, papa.

GASPARD, lui tenant la main.

Tu trembles, cher amour !... sois tranquille, va ! on a bien fait les choses ! cent cinquante paires de bras solides... (Bas.) On te redemandera !..

ANAÏS.

C'est égal, papa... une première fois, ça fait toujours peur...

GASPARD.

Laisse donc ! tu vas avoir un succès, comme l'obélisque !... ma fille ! mon sang ! du courage... te voilà lancée ! monte à la fortune... à la gloire... (avec émotion.) et tire ton vieux père après toi !...

AIR des Scythes et des Amazones.

Tout mon regret, c'est que ta pauvre mère,
Que ta naissance inquiétait un peu,
Ne soit pas là, pour être heureuse et fière
De ton succès, car, j'en réponds, morbleu !...
De ton succès, oui, je réponds, morbleu !...
Elle voulait te voir riche et brillante...
Du haut des cieux, ta demeure à présent,
Madam' Gaspard, tu dois être contente,
Selon tes vœux j'ai placé ton enfant !
Femme Gaspard, en ce jour sois contente,
Selon tes vœux j'ai placé ton enfant.

(On sonne.)

SCÈNE III.

LES MÊMES ; LE RÉGISSEUR, sur le théâtre.

LE RÉGISSEUR, un gros bâton à la main.

Allons, messieurs, place au théâtre ; on va frapper les trois coups... tout le monde est bien à sa réplique ?... le premier rôle, la duègne, le jeune premier...?

GASPARD.

Tous !... tous !... oh ! triomphe...

LE RÉGISSEUR, descendant dans la coulisse où est Anaïs.

Et la jeune première ?

GASPARD, montrant sa fille.

La voilà !...

ANAÏS, avec bonheur.

Me voilà !

ANITA, entrant avec Ernest.

Me voilà !

ERNEST.

Nous voilà[*] !

TOUS, surpris.

Anita !

[*] Gaspard, Anaïs, Ernest, Anita.

GASPARD.

C'est le diable !

(On frappe les trois coups.)

CHŒUR.

AIR du Siége de Corinthe.

C'est Anita, c'est elle
Qui vient nous braver tous...
Mais elle est jeune et belle
Et l'emporte sur nous.

ERNEST.

La chose est incroyable !
Deux actrices ici...

GASPARD, montrant sa fille.

Voilà la véritable !

ERNEST, montrant Anita.

Non, mon cher, la voici !...

(Reprise du chœur.)

ERNEST.

Il paraît qu'il était temps !

ANITA.

Désolée de vous déranger en reprenant mon rôle.

GASPARD.

Votre rôle !... Mais non, mais non, vous ne le jouerez pas.

ERNEST[*].

Elle le jouera.

ANITA, souriant.

Je le jouerai très bien.

GASPARD.

Très bien... très bien... c'est une autre question... mais vous ne le jouerez pas du tout.

ANAÏS.

Certainement, vous ne le jouerez pas.

ANITA, froidement.

C'est ce que nous verrons : tout s'est expliqué, vieux perfide !

ERNEST.

Oui, vieux perfide !... Oh ! moi, maintenant ce n'est plus l'amour, c'est la vengeance qui m'anime !... Ah ! vous m'avez mystifié ! vous avez donné ma lettre !... je me vengerai !

GASPARD, qui n'a pas pu l'arrêter.

Comment !... après tant de peines ! tant de courses ! tant d'efforts !... quand ma fille est toute costumée ! quand me voilà avec mes émotions... Le début est affiché...

ANITA.

Le régisseur va faire une annonce.

ERNEST.

Oui ! oui ! le régisseur... où est le régisseur ?

GASPARD[**].

Oh ! quelle idée !... si je pouvais la faire disparaître quelque part. (A Georges.) Dites donc il n'y a pas de trappes par ici ?

GEORGES.

Si fait... une ici... à la grande découverte.

[*] Tous ceux qui sont sur le théâtre s'approchent pour prendre part à la scène.

[**] Georges, Gaspard, Anaïs, Ernest, Anita, le régisseur.

GASPARD.

Bon!... Eh bien...　　(Il lui parle bas.)

ERNEST.

Ah! voici le directeur et ces messieurs.

SCÈNE IV.

Les Mêmes, LE DIRECTEUR, M. CASTOR, M. BRULOT [*].

ANAÏS, courant au directeur.

Ah! monsieur le directeur!

LE DIRECTEUR.

Comment! comment! vous êtes encore ici?

GASPARD.

Parbleu! et nous y restons.

ANAÏS.

Et je vais débuter.

LE DIRECTEUR.

Ah! mademoiselle, je suis désespéré... mais l'intérêt du public...

M. CASTOR.

Certainement... l'intérêt...

GASPARD.

Mais, monsieur l'auteur, vous étiez content.

M. CASTOR.

Je n'y puis rien... l'intérêt de ma pièce...

ANAÏS, courant au journaliste.

Mais, monsieur le journaliste, vous aviez promis...

M. BRULOT.

Mademoiselle, l'intérêt de l'art...

(Anaïs retourne près de son père.)

ERNEST.

Parbleu!

GASPARD.

Comment, lui aussi!... Ah çà, mais c'est donc une girouette que le journaliste!

ANITA.

Vous le voyez, monsieur Gaspard, et vous aussi, ma petite, c'est impossible.

ERNEST.

De toute impossibilité.

GASPARD.

Impossible!... mais songez donc... c'est me tuer... mon enfant aussi.

ANAÏS.

Oh! oui... j'en mourrai d'abord.

LE DIRECTEUR [**].

Voyons, voyons!... on va lever le rideau... n'indisposons pas le public. Monsieur le régisseur, vous annoncerez que mademoiselle Anita reprend son rôle.

GASPARD.

Mais non! mais non!... je vous en prie en grâce!... je vous en prie à genoux!

<hr>

[*] Gaspard, Anaïs, Castor, le directeur, Brulot, Ernest, Anita.

[**] Gaspard, Anaïs, le régisseur, le directeur, Castor, Anita, Ernest, Brulot.

ANITA.

Vous n'avez plus qu'à vous retirer.

LE RÉGISSEUR.

Place au théâtre [*]!

LE DIRECTEUR, à Gaspard.

Éloignez-vous!

GASPARD, avec rage.

Eh bien, non!... je ne m'éloignerai pas!... Ah! vous êtes tous insensibles à mes prières... à mes larmes!... Eh bien, non! non! je ne m'éloignerai pas d'ici... j'y reste... je m'y cramponne!... Faites venir la garde... les pompiers, si vous voulez, je m'en moque!... et, s'il le faut, je m'adresserai au public... à ce bon public... ma fille dans mes bras!... je lui dirai... je ne sais pas ce que je lui dirai... mais c'est égal... Viens, ma fille, viens, tu débuteras.

ERNEST.

Oh! le vieil entêté!

ANITA.

Elle ne débutera pas!

GASPARD.

Elle débutera!

ANAÏS.

Oui, oui, je débuterai!

LE DIRECTEUR.

Non, elle ne débutera pas!... Place au régisseur, qui va entrer en scène pour faire l'annonce.

GASPARD, le retenant.

Non! non!... il n'entrera pas!

ANAÏS.

Il n'entrera pas!

TOUS.

Si fait! si fait!

LE RÉGISSEUR.

Silence!... laissez-moi entrer...

GASPARD, le retenant par le pan de son habit.

Non! non! vous n'entrerez pas, sapredotte!...

TOUS.

Lâchez-le donc!...

LE RÉGISSEUR.

Le rideau est levé!

GASPARD.

Le rideau est levé? (Poussant Anaïs dans l'autre coulisse.) Entre, ma fille; entre, et commence!... (Anaïs entre en scène.) Ça y est [**]!...

(On entend applaudir.)

ANITA.

Elle est entrée!... je vais entrer aussi, moi!...

ERNEST.

Oui! oui! entrez! ça fera scandale!... tant mieux!...

M. CASTOR, courant à Anita.

Arrêtez! arrêtez!... et ma pièce!...

LE DIRECTEUR, qui écoute la pièce.

Silence! silence!...

ANITA, à Brulot.

Mais elle joue mon rôle!

<hr>

[*] Tout le monde se range dans les coulisses.

[**] Gaspard, le régisseur, le directeur, Castor, Anita, Ernest, Brulot.

BRULOT.

Eh mais! on commence! vite dans ma loge.

(Il sort en courant.)

ANITA , au directeur.

Et vous ne me soutenez pas!...

ERNEST.

C'est une indignité!

LE DIRECTEUR.

Mais, est-ce ma faute?

(Il va écouter la pièce.)

GASPARD , joyeux.

Silence donc! l'enfant est en scène!... Ça va!.. ça va!... Ah!... j'avais bien dit, moi, qu'elle débuterait!...

(Il reprend sa place dans la coulisse et écoute la pièce.)

ANITA.

Oh! je me vengerai!... je me vengerai! Et, d'abord, ne comptez plus sur moi... je ne mettrai plus les pieds sur votre théâtre.... Je renonce au théâtre!... aux directeurs!... aux auteurs et aux journalistes!

(Elle jette sa couronne.)

GASPARD.

Merci! ça me servira.

(Il la ramasse.)

M. CASTOR.

O mon Dieu!... le jeune premier n'est pas à sa réplique!... (Grand mouvement du régisseur, de l'auteur et du directeur.) Ah! si, il y est!...

ANITA.

Oui, va! va! ta pièce tombera, je l'espère bien!...

ERNEST.

J'en réponds!...

ANITA.

Et vous, Ernest, vous m'aviez juré qu'elle ne jouerait pas... que vous feriez cause commune avec moi!...

ERNEST.

Je le jure encore!...

ANITA.

Que vous la siffleriez!...

ERNEST.

Soyez tranquille!... elle n'y reviendra pas deux fois!...

GASPARD , se rapprochant d'eux.

Qu'est-ce qu'il dit?

ANITA.

Eh bien! allez donc, ou je ne vous revois plus de ma vie!...

(Elle sort par la droite.)

ERNEST.

Oui!... oui!... j'y cours!...

GASPARD , courant à lui, et lui barrant le passage.

Hein! où courez vous?

ERNEST.

Dans la salle!...

GASPARD.

Pour applaudir!...

ERNEST.

Pour siffler!...

GASPARD , le saisissant par son habit.

Qui? ma fille!... ma gloire!... ma joie!... vous n'irez pas!...

ERNEST.

J'irai!...

GASPARD , le poussant dans une coulisse.

Vous n'irez pas!...

ERNEST.

Et qui m'en empêchera?...

GASPARD.

Moi!...

ERNEST.

Allons donc!...

GASPARD.

Vous resterez!...

ERNEST.

Je sortirai!...

GASPARD , frappant du pied.

Vous resterez, quand je devrais...

ERNEST , disparaissant par une trappe.

Eh mais!... eh mais!... qu'est-ce que c'est, j'enfonce!...

GASPARD.

Tire-toi de là comme tu pourras!...

LE DIRECTEUR , revenant.

Mais silence donc, écoutez!... écoutez!...

GASPARD.

Écoutons!... ça va! ça va!.. de plus fort en plus fort!... le public en est à l'enthousiasme!

SCÈNE V.

ANAIS, GASPARD, GEORGES, LE DIRECTEUR.

ANAÏS , paraissant à la coulisse , et déclamant comme si elle jouait en scène.

« Adieu, je t'aime... et, partout où ta vie sera « en danger , tu me retrouveras prête à mourir « avec toi! »

(Elle rentre dans la coulisse.)

GASPARD.

Bravo! bravo!... tu es superbe!...

ANAÏS , changeant de ton.

Ah! mon Dieu! que j'ai chaud!... je n'en puis plus!...

GASPARD , tirant une bouteille de sa poche.

Tiens, mon ange, tiens!.... humecte ton talent!... humecte!...

(Anaïs boit*.)

LE DIRECTEUR , accourant.

Très bien! mademoiselle... très bien! commencez le dernier tableau pendant que l'émotion dure encore!...

AIR de Turenne.

C'est le moment décisif, entrez vite...

GASPARD.

C'est là qu'il faut que des pleurs soient versés,
Ne tremble pas, ta rivale est en fuite ,
Tes ennemis... ils sont tous enfoncés! (bis.)

*Le directeur, Anaïs, Gaspard.

Dans le parterre... écoute, rien ne bouge...
Sois déchirante et montre aux gens de goût
Tes beaux moyens ! ta belle âme ! .. et sur-tout
Prends bien soin d'effacer ton rouge !...

ANAÏS.

Il faut que je mette mes cheveux en désordre... ma coiffure de travers...

GASPARD, lui arrangeant les cheveux.

Attends !.... attends !.... (Au directeur.) Et dire
que tous ces cheveux-là sont à elle !...

ANAÏS.

Ma coiffure tient-elle bien ?

GASPARD.

Oui..... oui..... (Prenant la couronne d'Anita.) Je
vais te donner une couronne, moi !...

LE RÉGISSEUR.

Mademoiselle !...... vous manquez votre entrée !

ANAÏS, rentrant en scène

« Cher ami ! je vous retrouve dans ce cachot ! »

GASPARD *.

Ah ! le cher ami rentre par l'autre côté !.....
(Anaïs est tout-à-fait en scène.—Gaspard courant a Georges qui est près d'une coulisse.) Eh ? dites donc,
vous ? prenez-moi ça.... (Il lui donne la couronne.)
Allez dans la salle, et...

(Il lui parle bas, Georges sort.)

SCÈNE VI.

GASPARD, LE DIRECTEUR, M. CASTOR.

LE DIRECTEUR, écoutant.

Ah ! mon Dieu ! on a sifflé !

GASPARD, vivement.

C'est la pièce !..... c'est l'auteur, monsieur
Castor !... le voilà... ah !... est-il pâle !...

M. CASTOR, accourant.

Qu'est-ce qu'il y a **?...

LE DIRECTEUR.

On siffle !...

M. CASTOR.

Les acteurs auront ajouté quelque chose...

(On applaudit.)

GASPARD.

Entendez-vous ?.... entendez-vous ?.... quels
applaudissements frénétiques !... C'est l'enfant
qui relève la pièce.... (A M. Castor.) La fameuse
scène où elle se trouve mal !...

M. CASTOR, s'appuyant à une coulisse, et écoutant.

Vraiment !...

LE DIRECTEUR, à Gaspard.

Ah çà ! mon cher..... à nous deux maintenant... J'engage votre fille...

GASPARD.

Parbleu !.... je crois bien !.... vous n'êtes pas
dégoûté !... Début colossal !...

LE DIRECTEUR.

Vous demandiez ce matin... six cents francs ?

* Le directeur, Gaspard, Georges.
** Le directeur, Gaspard, Castor.

GASPARD.

Quatre mille francs !..... (A part.) Ah ! je te
tiens, mon gaillard !...

LE DIRECTEUR.

Vous aviez fini par six cents francs ?...

GASPARD.

Oui, mais j'avais commencé par quatre
mille... (On applaudit. — Écoutant.) Ah ! entendez-vous ?.... quel succès !.... Monsieur !.... j'en
pleure !...

LE DIRECTEUR.

Eh bien ! soit !..... Je lui donne quatre mille
francs.

GASPARD.

Ah ! laissez-donc !..... Quatre mille francs,
après un succès comme celui-là !...

LE DIRECTEUR.

Mais, permettez, monsieur Gaspard...

GASPARD.

Ça vaut dix mille francs !... (On applaudit plus
fort. — Écoutant.) Bon !... la salle va crouler !...
Quel succès ! (Avec émotion.) Et dire que madame
Gaspard ne voulait pas faire cette enfant-là !...

LE DIRECTEUR.

Dix mille francs !... cependant !...

GASPARD.

Avec dix francs de feux. (On applaudit encore
plus fort.) Ça redouble !...

LE DIRECTEUR.

Mais...

GASPARD.

Prenez-garde ! si ça continue, je demande
quinze mille francs, et vingt francs de feux !...

LE DIRECTEUR, vivement.

Soit ! dix mille francs et dix francs de feux !

SCÈNE VII.

LES MÊMES, ERNEST *.

ERNEST, remontant sur le théâtre par l'orchestre des
musiciens.

Enfin, je puis sortir de là !...

LE DIRECTEUR.

Qu'est-ce que c'est ?

ERNEST, secouant la poussière

C'est une indignité !.... c'est une infamie !....
me jeter sous ce théâtre... où je ne pouvais plus
me retrouver !...

GASPARD.

Il fallait y rester !...

ERNEST.

Mais vous n'en êtes pas où vous croyez !... Il
en est temps encore !... je cours siffler !...

(Castor, qui se trouve près d'Ernest et qui a entendu sa
dernière phrase, le saisit par son habit pour l'empêcher
de sortir.)

GASPARD.

Courez où vous voudrez !... écoutez !...

(On applaudit.)

* Gaspard, le directeur, Ernest.

LE DIRECTEUR, radieux.

Voilà la pièce qui finit !...

ERNEST.

Il se pourrait !...

M. CASTOR.

Succès ! succès complet !...

GASPARD.

Bravo ! bravo, saprelotte !... J'étouffe !...

SCÈNE VIII.

LES MÊMES, ANAIS, GEORGES, ACTEURS, MACHINISTES.

(Tout le monde se presse autour d'Anaïs pour la féliciter.)

ANAÏS.

Mon papa ! mon papa !...

GASPARD, la recevant dans ses bras.

Ma fille !...

CHOEUR.

Air du Valet de chambre.

Ah ! quel succès ! ah ! quelle ivresse !...
Oui, jusque dans le corridor,
On claque l'actrice et la pièce !
Le public applaudit encor !...

ERNEST.

Allons ! le plus fin est d'en rire.

M. CASTOR, à Anaïs*.

Mademoiselle... je vous fais mes compliments... vous vous êtes associée à mon succès avec un rare bonheur... Voulez-vous permettre ?...

(Il l'embrasse.)

GASPARD.

Oui, embrassez-la ! vous lui devez une fière chandelle !...

LE DIRECTEUR.

Oh ! oui, une fière chandelle !

GASPARD, au directeur.

Et vous ne vouliez pas lui donner de feux !...

M. BRULOT, accourant ; il vient se placer à la gauche d'Anaïs.

Très bien ! très bien ! charmante ! je me range de votre côté dans l'intérêt de l'art !... je vous ferai un bel article. (Bas.) Venez me voir... chut !...

(Bruit dans la salle.)

* Le directeur, Gaspard, Anaïs, Castor, Ernest.

M. CASTOR.

On demande l'auteur !... nommez l'auteur ! nommez-moi : «Monsieur Castor, propriétaire ! »

(Cris dans la salle : « La débutante ! la débutante ! »

GASPARD, revenant.

Ah, bien oui ! l'auteur ! on se fiche bien de l'auteur !... on redemande la débutante ; j'étais sûr ! ça ne pouvait pas lui manquer ! Vite ! place au théâtre !... qui est-ce qui va lui donner la main ? le régisseur !

LE DIRECTEUR*.

Il n'y est pas ; et je ne vois aucun acteur.

GASPARD.

Oh ! les envieux !... Eh, bien ! ce sera moi !

TOUS.

Vous ?

GASPARD, se mettant du rouge.

Oui, moi ; attendez !

ERNEST, bas à Anaïs.

Je suis bon enfant, nous ferons la paix, reste à Paris.

GASPARD.

Viens, ma fille, viens ; ne faisons pas attendre cet excellent public. Laissez-nous passer... Hum ! hum !

LE DIRECTEUR.

Au rideau !

TOUS.

Ah ! voyons ! voyons !

(Ils se jettent dans les coulisses pour voir.)

GASPARD sort par une coulisse avec Anaïs. On applaudit ; mais les applaudisssements cessent quand Gaspard reparaît par la droite, présentant sa fille au public, auquel il adresse humblement le couplet suivant :

Air de Teniers.

Public de choix, élite de la France,
Noble public ! c'est à vous, maintenant,
Que je demande ici de l'indulgence,
    Au nom du père de l'enfant !...
Ne rendez pas cette épreuve fatale !...
Faites, messieurs ! que de ce long bravo,
De ces vivats partis de l'autre salle,
Dans celle-ci nous ayons un écho !
De ces vivats, donnez-nous un écho !...

(Pendant ce couplet, toutes les coulisses sont garnies, chacun semble regarder sur le théâtre.)

* Le directeur, Castor, Gaspard, Anaïs, Ernest, Brulot.

FIN DU PÈRE DE LA DÉBUTANTE.

PARIS. — IMPRIMERIE NORMALE DE JULES DIDOT L'AINÉ, nº 4, boulevart d'Enfer.